KB252461

여주를 말하고 세종이라 답하라

원경희의 명품여주 만들기

여주를 말하고
세종이라 답하라

초판 1쇄 인쇄 | 2014년 2월 10일
초판 1쇄 발행 | 2014년 2월 15일

지은이 | 원경희
발행인 | 김태영
발행처 | 도서출판 씽크스마트
주   소 | 서울특별시 마포구 신수동 448-6 한국출판협동조합 C동 201호
전   화 | 02-323-5609 · 070-8836-8837
팩   스 | 02-337-5608

ISBN 978-89-6529-036-0 03300

• 이 책은 한국언론진흥재단의 저술 지원으로 출판되었습니다.
• 잘못된 책은 구입한 서점에서 바꿔 드립니다.
• 이 책의 내용, 디자인, 이미지, 사진, 편집구성 등을 전체 또는 일부분이라도 사용할 때에는
  저자와 발행처 양쪽의 서면으로 된 동의서가 필요합니다.
• 원고 kty0651@hanmail.net

이 도서의 국립중앙도서관 출판시도서목록(CIP)은 e-CIP 홈페이지(http://www.nl.go.kr/ecip)에서
이용하실 수 있습니다.(CIP제어번호: CIP 2014003845)

여주를 말하고 세종이라 답하라

원경희 지음

이상(理想)을 이루는
현실적인 방안을 논하다

금번에 원경희 세무사가 발간한 《여주를 말하고 세종이라 답하라》는 2014년 현재, 여주라고 하는 경기도의 한 도시를 통해서 우리나라 기초 지자체들이 앞으로 어떤 비전을 가지고 그 비전을 어떻게 이루어갈 것인가를 고민하게 해주는 책이라고 생각합니다.

평생을 교육자로 지내오면서도, 저는 제 자신이 한 번도 이상주의자라고 생각해본 적이 없었습니다. 제 전공은 법률입니다. 실정법을 존중하는 법학자인 한에 있어서는 오히려 현실주의자에 가깝다고 할 수 있습니다. 그러나 이상주의다, 현실주의다 구별하는 것은 상당히 어렵습니다. 이상(理想)이라는 것은 결국 현실에서 도달하고자 하는 목표이기 때문입니다.

《여주를 말하고 세종이라 답하라》는 책은 그런 의미에서, 이상을 이루고자 하는 또 하나의 현실적인 노력의 결과물이라 말할 수 있겠습니다. 특히, 책의 곳곳에서 저자인 원경희 세무사는 여주의 성공적인 미래를 실현할 구체적인 방안을 세종의 리더십에서 찾아보고자 많이 고민했던 흔적을 엿볼 수 있었습니다. 저의 경험을 살펴보아도 리더십은 아무리 강조해도 지나치지 않을 만큼 중요합니다. 저는 1992년 제14대 대통령선거를 앞두고, 제24대 국무총리로 재직하면서 리더십의 중요성을 실감할 수 있었습니다.

실천력이 없는 리더십은 자칫 말뿐인 나약한 리더십으로 전락해버리고 맙니다. 그런 의미에서 원경희가 찾은 세종의 리더십이란 대단히 실용적이고, 또한 구체적입니다. 늘 성실하게 현장에서 봉사하며, 개인이 아니라 공동체의 이익을 위해 노력하며 살아온 그의 삶이 이 책을 통해 결실을 맺었다고 생각합니다. 부디 여주를 위해서, 또 우리나라의 수많은 기초지자체를 위해서《여주를 말하고 세종이라 답하라》가 하나의 밀알처럼 기여하게 되기 바랍니다.

현 승 종
前 국무총리, UNICEF 한국위원회 前 회장

실사구시(實事求是)의 마음과
극기상진(克己常進)의 삶

배움에는 끝이 없다고 합니다. 저는 저자이신 원경희 동문을 보면서 그 말을 실감할 수 있었습니다. 만학도로서 자부심을 가지면서도 늘 겸손하게 하나라도 더 배우고자 했으며, 학교 재학 중이나 졸업 후에도 탁월한 리더십으로 동문들을 이끌었던 그의 열정과 봉사정신에 같은 성균관대학교의 동문으로서 늘 자랑스러웠습니다.

《여주를 말하고 세종이라 답하라》는 그의 네 번째 저서입니다. 그의 책을 접할 때마다, 항상 삶의 현장에서 답을 찾기 위해 노력하는 그의 '실사구시(實事求是)'적인 학문관에 감탄하게 됩니다. 더욱이 '여주'라고 하는 실제 삶의 현장을 성공의 잠재성을 가진 하나의 '콘텐츠'로 볼 수 있는 그의 안목이 참으로 놀랍습니다.

　원경희 저자는 어려움을 만나더라도 물러서지 않는 자세로 늘 '극기상진(克己常進)'하며 살아왔습니다. 그런 그가 '여주'를 위해서 내어놓은 이 책도 꼭 그의 삶을 닮았습니다. 지방자치가 다시 시행된 지 23년이 되었지만, 여전히 지방자치를 걱정하는 우려의 목소리도 많은 것이 사실입니다. 하지만 원경희 저자의 《여주를 말하고 세종이라 답하라》를 보니, 작은 중소도시부터 큰 규모의 광역단체까지 모두가 자신의 고유한 콘텐츠를 잘 살려 CEO 리더십으로 잘 운영한다면 우리나라 지방자치의 미래도 더욱 밝아질 것이라는 기대가 생깁니다. 지역 공동체의 미래를 고민하며 해답을 찾는 여러분들에게 이 책이 유용한 지침서가 되기를 바랍니다.

류 덕 희
성균관대학교 총동문회 회장

건강한 시민,
건강한 공동체를 말하다

원경희 세무사가 책을 냈다는 소식을 들었습니다. 초고를 받아서 읽어보니 너무도 내용이 좋았습니다. 《여주를 말하고 세종이라 답하라》는 우리의 지방자치가 나아갈 분명한 방향을 제시해주는 건강한 고민의 산물이었기 때문입니다. 세금바로쓰기납세자운동 중앙회 부대표 및 경기도지부 상임회장, 여주의 시민단체 여주포럼의 상임대표, 또 세무법인의 CEO로서 한국세무사회의 부회장 등으로 활약해 온 그가, 실천가로서의 진면목을 보여주었습니다. 건강한 시민이 건강한 정치를 만든다는 사실을, 저는 이 책의 곳곳에서 다시 한 번 확인할 수 있었습니다.

저는 '선진화시민행동'과 '세금바로쓰기 납세자운동' 그리고 '기독교 사회책임'을 이끌면서 건강한 시민세력이야말로 우리 대한민국의 미래를 이끌 밑바탕이라는 사실을 누구보다 깊이 절감하고 있는 사람입니다. 여주시민들 중에 저자 원경희와 같은 건강한 시민이 있다는 사실은, 그야말로 여주의 축복이요, 한국 시민사회를 위한 선물이라고 생각합니다. 무릇 건강한 시민은 바른 가치관과 더불어 미래를 향한 비전과 구체적인 행동력을 아울러 구비해야 합니다. 세무사로서 뿐만 아니라 여주포럼을 이끌며, 다년간 여주를 위해서 헌신한 저자는 이 책에서 미래를 향한 명확한 비전을 밝히고 있습니다.

문화도시 여주, 관광도시 여주, 친환경도시 여주. 저는 원경희야말로 이 비전을 이룰 수 있는 안목과 실력을 두루 겸비하고 있음을 이 책을 통해 확인할 수 있었습니다. 이 책을 읽으며 여주와 여주시민 여러분이 부러울 정도였습니다. 바라기로는 원경희의 이러한 노력이 여주의 발전을 위해 잘 쓰여지기를 기도합니다.

서경석 목사
선진화시민행동 / 나눔과기쁨 상임대표

나눔과 섬김을
온 몸으로 구현하는 원경희!

세무사에게 가장 중요한 것은 전문적인 세무지식은 물론이거니와 납세자들을 위한 '나눔과 섬김'의 정신입니다. 금번 원경희 세무사가 펴낸《여주를 말하고 세종이라 답하라》는 그동안 몸소 '나눔과 섬김'을 실천해온 노력의 결실이라 생각합니다.

세무사의 본분은 모두 납세자를 위한 것으로 오늘도 한국세무사회 1만여 세무사들은 더욱 양질의 세무서비스를 제공하고자 노력하고 있습니다. 특히 원경희 세무사는 한국세무사회 부회장으로서, 세무사로서도 손꼽히는 세무 전문가이자, 나눔과 섬김의 본을 보여주었습니다.

이제 원경희 세무사는 한 걸음 더 나아가, 이 책을 통해 지역 공동체와 시민사회를 위한 나눔과 섬김을 보여주고 있습니다. 세무사의 일도 부동산의 양도나 활용, 증여나 상속 등 일상생활에 밀착되어 있다는 사실을 생각해보면, 그동안 원경희 세무사가 지역사회의 일상에 기울인 노력과 수고도 쉽게 이해가 가는 부분입니다. 세무사로서 쌓은 전문지식과 안목, 이 같은 경험이 이제 여주시를 위해서도 더 널리 쓰여진다면, 나눔과 섬김을 제일의 정신으로 삼는 우리 세무사들로서도 기쁜 일이 아닐 수 없을 것입니다. 《여주를 말하고 세종이라 답하라》는 여주 시민뿐만 아니라 많은 독자 여러분께도 유익한 책이라 생각합니다. 여러분께 자신있게 이 책을 추천합니다.

정 구 정
한국세무사회 회장

1

桐千年老恒藏曲
동천년노항장곡

桐千年老恒藏曲
오동은 천년을 늙어도 항상 아름다운 곡을 간직하고

梅一生寒不賣香
매화는 일생동안 춥게 살아도 그 향기를 팔지 않는다.

月到千虧餘本質
달이 천 번을 이스러져도 그 본질은 남아있고

柳經百別又新枝
버드나무는 백번을 꺾어 나누어져도 또 다시 새 가지를 띄운다.

CEO 리더십
전문성을 발휘하는
경제 마인드

꿀벌이 다른 곤충보다 존경받는 까닭은
부지런해서가 아니라 남을 위해 일하기 때문이다.
– R.M. 크리소스톰

앞에서 인용한 桐千年老恒藏曲(동천년노항장곡)이라는 한시는 조선시대 4대 문장가로 널리 알려진 신흠(1566-1628) 선생의 작품이다. 어느 날인가, 우연히 이 작품을 읽게 되었는데, 작품이 주는 느낌이 참 좋아서, 몇 번을 반복해서 읽었다. 그러다 문득 이런 생각이 들었다. '그래 맞다, 우리 여주라는 고장도 분명히 본질(컨텐츠)을 가지고 있을 텐데! 과연 그게 뭘까?' 나는 고민하기 시작했다. 그리고 한시에 여주를 넣어서 다음과 같이 읊조려 보았다.

여주는 천년이 지나도 항상 아름다운 도시로 남고,
어떠한 역경이 찾아와도 여주의 향기는 팔지 않는다.

수많은 세월이 흘러도 여주의 본질은 남아있다.

백번을 꺾일지라도 여주는 다시 새로운 세상을 열 것이다.

어떤가? 그럴듯하지 않은가? 나는 한시로 여주를 생각하면서 마치 여주가 '명품'과 같다고 확신했다. 아마도 여주 시민이라면 어렴풋이나마 알고, 또 느낄 것이다. 여주는 오랜 역사를 간직한 곳이다. 오랜 세월이 지나도 사랑받는 것이 명품의 특징이다.

하지만 오늘의 여주는 무엇인가 부족한 느낌이다. 왜 그럴까? 나는 그것이 바로 리더십의 문제라고 생각한다. 배우 김명민이 열연했던 〈베토벤 바이러스〉라는 드라마를 기억하는가. 평소에 드라마를 잘 보지 않는 나지만, 몇몇 드라마는 재밌게 보았는데 이 작품도 그 중 하나였다. 급조되어 보잘 것 없던 오케스트라가 강건우라는 한 사람의 지휘자를 만나 명품 오케스트라로 거듭나는 이야기다. 오케스트라에서 지휘자가 중요한 것처럼 한 도시에 있어서도 마찬가지다. 지금 여주에 부족한 것은 '리더십'이다.

일찍이 나는 〈여주는 경제다〉에서 여주가 가지는 경제도시로서의 잠재력과 중요성에 대해 이야기한 바가 있다. 그것은 지금도 똑같다. 지금 여주에 필요한 것은 정치가가 아니라 경제 CEO다. 경제 CEO만이 여주를, 아름다운 하모니를 연주하는 명 오케스트라로 거듭나게 할 수 있다.

신흠 선생이 노래한 한시처럼, 명품여주의 본질은 변한 적이 없다. 천혜의 자연환경, 지리적인 교통의 요지로서 여주는 오랜 역사 속에서 풍요로운 고장으로 자리해왔다. 나는 여주의 기본 바탕은 경제에 있다고 믿는다. 다만 경제도시 여주의 특징을 살려주는 리더십이 부재했을 뿐이다. 그렇다면 경제 마인드를 지닌 CEO의 리더십이란 무엇인가?

현장에 기반한 전문성

나는 세무전문가다. 나는 1976년 행정직 5급 을류 공무원시험에 합격했다. 처음부터 세무공무원이 되려던 것은 아니었다. 당시는 지금과 다르게 총무처에서 합격인원을 선발한 후, 성적순에 따라 발령을 냈다. 나는 다행히 성적이 좋은 편이어서 당시 재무부 소속이던 국세청으로 배치 받았다. 세무공무원으로서 첫 발을 내딛게 된 것이다. 하지만 세무에 대해서는 문외한이나 마찬가지였다. 나는 하나하나 모든 것을 배우려는 자세로 임할 수밖에 없었다. 그랬던 내가 국세청에서 근무한지 17년 만에 세무사가 되었다.

뿐만 아니다. 공무원 생활을 하면서도 나는 학업을 포기하지 않았다. 주경야독이라는 말에 딱 맞게, 낮에는 일하고 밤에는 공부하며 한국방송통신대학교를 졸업했다. 성균관대학교 경영대학원에서 경영학 석사도 받았다. 나중에 더 자세히 이야기하겠지만, 고등

1 사무실에서 근무 중인 모습.
2 딸 원혜진 세무사와 함께.

아무리 공부를 많이 했다고 곧장 전문가가 되는 것은 아니다. 특히 CEO의 전문성이란 반드시 '현장'에서부터 나오는 것이라고 생각한다. CEO란 실천가이지, 이론가가 아니기 때문이다. 1976년 공무원시험에 합격하고 처음 국세청에 발령받았을 때는 나는 아무것도 모르는 세무 초보였다. 하지만 15년간 세무공무원으로 현장을 누비고, 세무사로서 다시 현장을 경험하고 난 후에는 나는 어느새 누구보다도 현장을 잘 아는 세무 전문가, 조은세무법인의 CEO가 되어있었다. 딸이라고 해서 예외는 아니었다. 아무리 내가 아버지라도 딸에게 가장 좋은 훈련장은 바로 '현장'이다. 혜진이는 처음에 내가 잘 가르쳐주지 않는다고 원망했을지도 모르지만, 시간이 지나자, 아버지의 의도가 무엇인지 알 것 같다고 말해주었다. 전문가는 '현장'에서 만들어진다.

학교를 졸업하고 대학 갈 돈이 없어서 공무원 시험을 볼 때만 해도 꿈에도 상상하지 못했던 지금의 내 모습이다.

어찌됐건 세무전문가로서 내 1원칙은 이렇다. 바로 '세금으로 인해 억울한 사람이 없어야 한다.'는 것이다. 세무공무원으로 첫 발을 내딛던 때부터 지금까지 이 원칙에는 변함이 없다. 나는 이 일을 통해 내 가족을 돌보게 되었고, 내 이웃을 돕게 되었다. 그리고 이 날 이 때까지, '세금으로 인해 억울한 사람이 없어야 한다.'는 원칙에 충실한 전문가가 되고자 노력했다. 첫 출근하던 날, 어리둥절하던 젊은이를 오늘날의 세무전문가 원경희로 만든 건 무엇이었을까? 그것은 바로 '현장'이었다.

역삼동 조은세무법인 본점을 찾아가면 나 말고 원씨 성을 가진 세무사가 한 사람 또 있다. 44기 원혜진 세무사, 바로 내 딸이다. 어릴 때부터 아버지가 세무공무원으로, 또 세무사로 일하는 것을 보며 자라서 인지, 아버지와 함께, 세무사로 지낸지 벌써 6년차다. 어느 날, 딸에게 물었다.

"일할 때 가장 힘든 것이 뭐니?"

"아버지께서는 시작할 때 한 번 설명을 해 주면서 자세히 알려 주시잖아요. 그것이 큰 힘이 돼요. 그러나 현장 경험이 없어 힘 들 때가 많았어요."

맞다. 나는 후배들에게 일을 시킬 때는 먼저 일의 형태에 따라 자세한 설명을 해 준다. 그런 후에 실무를 직접 익히게 한다. 딸이라고 해서 다르지 않다. 우선 방법을 가르쳐 이치를 알게 한 후, 스스로 문제를 붙잡고 이리저리 해결해 보게끔 하고, 문제가 발생한 현장을 직접 찾아보게 한다. 그래서 그 케이스를 분석해서 서류를 작성해 오면 그때 점검을 해준다. 그런 과정을 통해 내가 알게 하고 싶은 것은 고기 잡는 법이다. 고기를 잡아 주기보다 고기 잡는 법을 가르치는 교육 방식. 이런 교육 속에서 딸이 아닌, 원혜진 세무사가 현장을 아는 '진짜' 세무사가 될 것이라 확신하기 때문이다.

현장에 답이 있다. 그 어떤 사람도 현장을 경험하지 않고, 탁상에서 일을 처리할 수 없다. 어쩌면 오답을 계속해서 반복하게 될 수도 있다. 오늘도 나는 답을 찾으러 현장으로 향한다.

CEO가 된다는 것

가끔 시간이 여유로울 때면 나는 자전거를 끌고 강변을 따라 나 있는 자전거 길에 나간다. 불어오는 바람을 마주하며 자전거로 달리는 시간은, 바쁜 일상 속에서 나에게 선물하는 작은 여유이기도 하다. 하낫 둘 하낫 둘- 힘차게 페달을 굴려 자전거를 앞으로 밀고 나갈 때면 종종 맨 처음 자전거에 올랐던 과거의 장면이 떠오르곤 한다. 가난했던 시절, 자전거는 언제나 선망의 대상이었지만, 막상 큰 매형님께서 타고 오신 자전거를 몰래 끌고 나와 처음으로 그 위에 올랐던 날의 감정은 그간의 설렘과는 다른 것이었다. 그것은 두려움이었던 것 같다. 처음 중심을 잡던 내 머릿속을 가득 채운 것은 넘어지면 어떡할까에 대한 불안함과 걱정이었다. 대부분의 시작이 그러하듯 도전 앞에는 크고 작은 두려움이 따라온다. 그리고 그 두려움을 깨부순 자만이 값진 결과를 이뤄낸다.

좀처럼 무서움을 타거나 긴장하지 않는 내게도 딱 하루, 몹시 긴장한 날이 있었다. 1996년, 20여 년간의 공무원 생활을 뒤로하고 개인 세무사사무소를 개업하던 날, 바로 CEO가 되는 날이었다. 이미 국세청에서 20년을 근무해온 터였지만, 내 이름을 걸고 사업을 한다는 것은 이제까지의 내용과는 달랐다. 작은 규모의 사무실이었지만 경영을 해나간다는 것은 차근차근 계획을 세워 집을 짓는 것과 비슷한 과정이었다. 기초를 닦고 계획을 세워 차근차근 벽돌을 쌓아 올리는 것, 그렇게 한 발 한 발 지금의 규모가 큰 세무법인 사무소에 이르기까지 나는 수많은 사람들과 사업가들을 만났고, 나 역시 사업가로써 내 모든 지식과 감각을 동원해 많은 경우의 수 앞에 맞서야 했다. 그렇게 세무, 경제 분야에 몸담은 사업가로 오랜 시간을 보내오며 나름의 경영마인드와 전문성도 생겼다. 이제는 두 손을 놓고도 별 걱정 없이 자전거를 달릴 수 있는 것처럼, 내가 현장에서 몸소 부딪쳐 얻은 생생한 경험들은 나만의 경영 마인드와 전문성이 되어 내가 나아가는 길에 든든한 나침반이 되었다.

여전히 나는 CEO가 되기 위해 나침바늘을 따라 꾸준히 길을 가고 있다. 한 사람이 한 분야의 전문가가 된다는 것은 장기적이며 체계적인 훈련이 필요하다. 돌아보면 나는 CEO가 되기 위한 훈련을 가정에서, 일터에서, 사람들을 통해서 해왔던 것 같다.

어쩌면 CEO가 된다는 것은 마치 세상을 향해서 프로포즈하는 것은 아닐까 생각한다. 나는 다섯 가지의 방법으로 CEO의 프로포즈를 해야 한다고 생각한다. 바로 조은세무법인을 설립한 이후 다짐하게 되는 다섯 가지다.

첫째, 자기 일을 진정으로 사랑해야 한다는 것.
둘째, 정직해야 한다는 것.
셋째, 신뢰를 쌓아야 한다는 것.
넷째, 사람을 소중히 해야 한다는 것.
다섯째, 경영자는 언제나 듣는 귀가 열려 있어야 한다는 것.

이 다섯 가지 다짐 중 가장 중요한 것은 마지막, 경영자는 언제나 듣는 귀가 열려 있어야 한다는 점이다. CEO의 리더십이나 경영마인드에 따라 개인이나 기업 모두는 잘되기도 하고 침체되기도 한다. 그리고 무엇보다 중요한 것은 대화의 통로가 열려 있느냐 하는 것이다. 언제나 한 두 사람으로만 결정되는 정책은 실패할 소지가 다분하다. 대화의 통로가 열려 있을 때라야 참여도 이끌어낼 수 있다.

미국의 한 심리학자의 연구에 따르면, 학벌이나 외부조건이 훨씬 높지만 발언권이 없는 집단보다, 학벌이나 외부조건은 낮지만 동등한 발언권을 가진 집단에서 훨씬 더 업무 효율이 높게 나타났다고 한다. 이러한 열린 구조는 정책을 만들어 나가는 과정에서도 그대로 반영될 수 있다고 생각한다.

주식회사 명품여주

내가 사랑하는 우리 여주는 많은 자산을 가지고 있다. 좋은 공기와 물, 아름다운 자연, 몸에 좋은 농산물들이 자라난다. 이를 산업으로 발전시킬 경우 현대인이 꿈꾸는 자연친화적인 웰빙 도시로 태어날 수 있다. 이는 여주지역의 경제가 점차 활성화되고 일자리 또한 창출될 수 있다는 것을 의미한다. CEO의 눈으로 볼 때, 여주는 말 그대로 기회의 땅이다.

나는 여주가 교육과 관광, 복지 여건이 최상의 상태에서 공존하면서 살기 좋은 도시로 거듭나길 바란다. 그러기 위해서는 전문적

2013년 9월 23일 여주시 승격기념 시민의
날 행사에서. 여주는 무한한 잠재력을 지닌
원석(原石)과도 같고, 요리로 치자면 명품 요리를
만들 수 있는 최고급 재료들과 같다. 그러나 재료만
가지고는 좋은 요리라고 할 수 없듯, 지금 우리
여주에는 여주의 잠재력을 최대한 이끌어낼 실력
있는 CEO가 필요하다. 그는 한 분야의 전문가로서
무엇보다 경제 마인드를 갖춘 사람이어야 한다.
여주시가 앞으로 어떻게 나아가느냐는 결국 경제를
어떻게 이끌어 가는가에 달려 있기 때문이다.
그리고 경제 문제는 정치가 아닌 CEO 마인드로
봐야 한다.

경제마인드가 바탕이 된 정책 수립이 가장 먼저 필요하다고 본다. 여주를 기업하기 좋은 땅으로 만드는 데엔 크고 작은 정책이 있어야 하고, 그것을 잘 알고 있는 전문가의 손길이 절대적으로 필요한 것이다. 나아가 이러한 전문적 마인드는 여주의 내실화에 큰 이득을 가져다 줄 것이다. 그간 여주는 절약 없는 일련의 정책들로 주민들의 원성을 사기도 했었다. 일례로 무분별한 축제 지원정책도 그러한 비판들 중 하나다. 지역 축제를 CEO의 관점에서 한 번 바라보자.

최근 조사에 따르면 경기도내의 축제들이 경제적 효과보다는 오히려 예산 낭비를 불러일으키고 있다는 지적이 있다. 사실 지역 축제의 발생에는 1995년 시작된 전국 동시 지방선거라는 배경이 숨겨져 있다. 당시 지방자치단체의 장들은 낙후된 지역을 발전시킬 수 있다는 이유로 축제들을 기획했고, 그것을 자신들의 정치적 수단으로 삼았다. 이후로도 수많은 축제들이 '지역문화와 전통을 바탕으로 한 지역경제의 활성화'라는 간판을 걸고 우후죽순 생겨났다. 그러나 대부분이 관 주도의 정치적 목적 하에 마구잡이로 생겨난 것들이었기 때문에 그들 축제를 통한 경제의 활성화는 제대로 이루어질 수가 없었다. 그러다보니 애초의 목적을 잃은 지역축제들은 도리어 주민들을 대상으로 상술을 벌이는 덤터기의 장이 되기도 한 것이 사실이다.

무릇 지역 축제는 지역의 문화와 역사적 전통, 지역의 고유한 특성에 기반해야 한다. 이것은 말하자면 상품의 질(Quality)을 결정하는 재료나 다름없는 것이다. CEO의 관점에서 볼 때, 우리 여주의 컨텐츠는 컨텐츠의 다양성과 질적인 면에서 타의 추종을 불허한다.

역사적 유산으로는 연양리의 구석기 문화와 혼암리의 청동기문화를 시작으로, 삼국시대 초기 이포의 술천성과 파사성, 통일신라시대 골내근정, 고려 시대 서희, 이규보, 무신시대 중추적 역할을 담당했던 김약선, 고려말의 김구용, 염흥방, 이집, 이색 등의 문인들, 조선 시대 세종대왕과 한글, 효종과 북벌, 순경태후를 비롯한 9명의 왕비, 명성황후 생가, 신륵사, 청심루터에서 시작되는 여주 8경, 고달사지, 목아박물관이 있고, 좋은 기후와 토양에서 생산되는 쌀, 고구마, 인삼, 도자기 등의 특산물과 남한강을 따라 이포보, 여주보, 강천보와 자전거길이 이미 자리잡고 있다.[1] 그러나 있다고 해서 다 되는 것은 아니다.

좋은 CEO라면 이러한 재료를 잘 개발하고 묶어서 어떻게 가장 최선의 상품으로 고객에게 내놓을 것인가 한 번 더 고민해야 한다. 그래서 지역축제 하나에도 CEO적인 마인드가 필요하다. 앞을 내다보지 못하는 근시안적 상술도 사라져야 할 것이며, 부실한 축제는 통폐합을 하고, 지역주민의 참여도가 낮은 축제는 과감하게 폐

---

[1] 조성문 여주문화원 사무국장, 〈여주축제의 현실과 비전〉 p. 14.

지해 나가야 할 것이다. 주민이 참여하지 않는 축제에 주민의 혈세가 지출되는 일도 없어져야 한다. 그러기위해서는 지역 내 각 축제들에 대한 예산지원에 차별화를 두어야 할 것이다. 또한 주변 관광자원과의 연계성을 강화해 상품을 개발하는 등 여주의 가치를 높일 수 있는 정책들을 끊임없이 연구, 실행해 나가야 한다. 축제는 더 이상 낭비의 장이 되어서는 안 된다. 여주를 알리고 여주를 빛낼 수 있는 진정한 가치 창출의 장이 되어 명품 축제로 거듭나야만 한다.

주식회사 명품여주가 가능할까. 명품은 장인의 솜씨(전문성)로 만들어진다. 장인이 만들어 놓은 상품을 따라하면 다른 사람도 비슷한 물건을 만들 수는 있지만, 본질까지 똑같이 만들 수 없다. 그래서 명품은 명품으로 존재할 수 있는 것이다. 명품여주가 가능한 길은 단 하나, 경제 마인드로 무장한 CEO의 전문성으로만 가능하다.

컨텐츠 행정
속이 꽉 찬 실속행정

나는 가끔씩 아이들처럼 봉지과자를 먹곤 한다. 두 손을 모아 좌~
악 한 번에 과자 봉지를 뜯어 열 때면 그 시원한 소리와 이윽고 풍
겨 나오는 고소한 과자냄새에 없었던 스트레스도 날아갈 지경이
된다. 그렇게 과자를 입에 넣고 우물우물 씹을 때면 줄곧 떠오르는
이미지들이 있다. 울고 보채다가도 과자 하나 손에 쥐어주면 뚝 그
치던 어린 딸애의 얼굴도 생각나고, 목욕탕 다녀오는 길에 과자 한
봉지 턱 안겨줄 때면 까르르 웃어 재끼던 어린 아들놈 얼굴이며,
고픈 배를 움켜쥐고서 과자 한번 원 없이 먹어보는 걸 소원으로
삼았던 어린 시절의 내 모습까지…. 과자 한 봉지 안에는 온갖 맛
있는 추억들이 들어있는 셈이다. 그런데 어디선가 들은 말이다. 과

자 안에 또 무엇인가 들어있다면서, 실은 과자가, 과자가 아니라면서 누군가 가르쳐 준 말이 있다.

슈퍼에서 과자를 사는 게 아니다. 질소를 사니 과자도 주더라

제과 업계의 과대포장을 비판한 것이다. 물론 농담이지만, 나는 이 농담을 듣고 마음 한편이 쓰렸다. 과자의 양이 줄어든 것만도 속상한데 그 안을 공갈 질소로 채워 놓았다. 과자를 좋아하는 사람이라면 이래저래 실망스럽지 않을 수 없는 사건이었다. 생각해 보니 화려한 포장에 속아서 알고 보면 '질소'를 구매한 일이 이것뿐이었겠는가 싶다. 주변 곳곳에도 막상 뜯어보니 질소 즉 허상뿐인 이런 사건들은 흔한 일이다. 약속을 해놓고, 약속했던 과자 대신 질소를 넣는 속상한 일들이 있다. 뭣 모르는 기대감으로 봉지를 뜯는 어린 아이만이 그 형편없는 내용물에 울상을 짓게 되는 것이다. 우리 정치를 보자. 정치인의 공약은 무엇보다도 신뢰가 기본이다. 그런데 마치 공갈질소를 넣은 과자봉지처럼 느껴진다. 겉과 속이 다른 경우가 너무 빈번하게 일어나지 않나? 나는 그것이 참 씁쓸하다.

포장만 그럴듯한 구태행정

지난 해 우리 여주시에서도 현 시장의 공약이행 성적을 홍보하면서 사실상 추진이 무산된 공약을 정상 추진되고 있는 것처럼 과장 홍보를 한 것이 아니냐고 해 한바탕 논란을 불러일으킨 적이 있었다.[2] 68개의 공약 중 67개의 공약이 완료됐거나 정상추진 된다는 것이었다. 하지만 정상 추진되고 있다고 밝힌 일부 사업은 허가권이 있는 행정기관에서 추진불가 통보가 내려져 사실상 추진이 물 건너 간 것으로 확인됐고, 이는 곧 공약이행 부풀리기 의혹으로 이어졌다. 바로 우리 여주에서 질소 과대포장 사건이 발생한 셈이다. 당연히 사전에 꼼꼼하게 따져보지 않고 무리하게 공약을 내걸었던 시장을 비판하는 소리가 커졌다. 또한 공약 이행 실태를 투명하게 공개하지 않는 안일한 행정에 대해서도 비판의 목소리를 높였다. 뜯어보니 질소로 가득 찼던 여주시의 공약 이행 성적표는 여주 시민들의 가슴에, 더 나아가 여주시의 안녕과 발전에 커다란 흠집을 남겼다.

---

2   보도자료 2014.01.07. 경기뉴스 '여주시장 공약이행 성적표 논란'

표1 여주시 공약이행[3]

분야	세무공약 추진현황(건)			
6개 분야	68	42	25	1
시민이 만족하는 행정서비스 제공	7	7		–
잘사는 친환경 농촌건설	20	18	2	
기업하기 좋은 환경조성으로 지역경제 회생	8	5	2	1
수도권 변방에서 핵심지역으로 전환	7	2	5	–
문화 · 관광 기구반구축 및 인재육성	8	4	4	–

포장만 번지르르한 알맹이 없는 구태행정! 이제는 정말로 사라져야 한다. 무릇 시민의 삶을 책임지는 행정 지도자는 몇 마디 번지르르한 말보다, 내실 있는 결과물로써 시민들의 성원에 보답해야 한다. 그게 믿을만한 지도자다.

한 척의 배가 바다에 나가기 위해서만도 치밀한 계산과 준비가 필요하기 마련이다. 나라의 행정은 두말 할 것도 없다. 훨씬 더 정확한 계산과 준비가 필요하다. 치밀하지 못한 계산, 주먹구구식의 계산은 시민들의 피 같은 세금만 바다에 내다 뿌리고, 결국에는 빈 배만 돌아올 뿐이다.

---

3   여주시 홈페이지.

거짓말은 안 됩니다

중국 춘추전국시대, 제자백가 중에서도 법가로 이름을 날렸던 한비자(韓非子)의 〈외저설좌상〉(外儲說左上)에 다음과 같은 이야기가 나온다.

당시에 증자(曾子)라는 한 사람이 있었는데, 그는 효(孝)와 신(信)을 덕행의 근본으로 삼았던 큰 유학자였다고 한다. 하루는 증자의 아내가 장을 보러 나섰다. 그런데 어린 아들이 따라가겠다고 울면서 떼를 썼다. 증자의 아내는 아이를 달랠 요량으로, 별 생각 없이 "시장에 다녀온 뒤 돼지를 잡아서 맛있는 반찬을 해줄 게. 집에서 놀아라."고 말했다. 어린 아들은 돼지고기로 반찬을 만들어 준다는 엄마의 말에 울음을 뚝 그쳤다.

대수롭지 않았던 아들과의 약속은 잊어버리고, 이윽고 증자의 아내가 장을 보고 돌아왔다. 그 때, 증자가 마당으로 나오더니, 갑자기 돼지를 잡으려 하는 게 아닌가. 그 당시 돼지는 집안의 귀중한 가산이나 다름없었으므로, 증자의 아내는 크게 놀라 소리쳤다.

"아니, 지금 뭐하는 거예요?" 이에 증자는 "당신이 아이에게 돼지를 잡아 반찬을 만들어 주기로 약속했지 않소? 그러니 지금 돼지를 잡을 수밖에 없소." 하고 말했다. 그제서야 증자의 아내는 펄쩍 뛰면서 아이를 달래려고 그냥 해본 소리였다며 매달렸지만, 증자는 엄숙한 얼굴로 다음과 같이 말했다고 한다.

"아이에게 거짓말을 해서는 안 되오. 아이는 부모가 하는 대로 따라 배우는 법이오. 부모가 약속을 지키지 않으면 아이가 무엇을 배우겠소.”라며 기어코 돼지를 잡았다고 한다.

　무릇 약속이란 이렇게 무겁다. 처음부터 지킬 생각조차 없는 약속, 그저 듣기에만 그럴듯한 약속은 처음부터 하지 않는 편이 낫다. 더욱이 공적인 자리를 맡아서 공공의 이익을 위해 약속을 내건 행정 지도자라면 어떤 일이 있어도 약속은 지켜야 한다. 그래서 사람들의 가슴에 신의로 보답해야 한다. 그렇게 할 때만이 비로소 지도자로서 타의 모범이 될 수 있다. 아이가 부모를 보고 배우듯, 지도자를 등대삼아 따라가는 이들도, 자신이 가야할 항로를 정확하게 짚을 수 있다.

실현가능한 대안을 찾아라

행정의 핵심은 껍데기가 아닌 알맹이다. 무엇으로 그 안을 채우느냐가 중요하다. 질소도 과자도 부피는 똑같다. 다만 봉지 안을 공갈질소로 채우느냐, 알찬 내용물로 채우느냐는 봉지를 채우는 사람들이 선택할 문제다. 알찬 내용물을 만들어나가기 위해선 무엇보다 발로 뛰는 실천이 필요하다. 주먹구구식의 탁상공론을 집어치우고 이제는 직접 발로 뛰어야 한다. 내 발로 현장으로 직접 가보아야 현장의 사정을 알 수 있다. 그런 후에 현장에 알맞은 적절

한 알맹이들을 가져다 필요한 것들을 채울 수 있지 않을까? 나는 이것을 **컨텐츠 행정**이라고 부르고 싶다. 우리 여주의 행정이 보석 같은 알맹이들로 여주를 꽉꽉 실속 있게 채울 수 있다면 시민들은 꽉 들어찬 선물 상자를 열었을 때처럼 기쁨과 환호를 터트릴 것이다. 공갈질소에 실망한 시민들의 한숨소리가 더 이상 터져 나와서는 안 된다.

컨텐츠 행정 =
지역 현안에 대해 실현가능한 대안을 추구하는 것

예를 들어보자. 각 지방자치단체들마다 대기업의 투자를 유치하기 위해 혈안이다. 여주에 대기업을 유치한다? 당연히 대기업을 우리 여주로 유치할 수 있다면 좋겠지만, 안될 때는 어떻게 할 것인가? 대기업을 유치하겠다고 큰소리만 치는 것도 문제고, 대기업을 유치할 형편이 못된다고 마냥 손을 놓고 있는 것 또한 무책임한 처사다. 이 때 컨텐츠 행정은 당장 실현가능한 일부터 해나간다.

여주가 어떤 도시인가? 현실을 감안할 때 여주가 대기업 등 유수 기업들을 당장 유치할 수 있는 형편이나 여건을 갖추지는 못했다고 보아야 한다. 여주는 애초부터 산업도시의 입지를 가진 것은 아니기 때문이다. 하지만 우리 여주는 다른 도시에는 없는, 여주만의 차별화된 산업을 육성하기에 알맞다. 바로 관광산업이다.

수도권정비계획법과 상수원보호구역 지정 등 각종 규제로 인해 어차피 여주의 입장에서는 기업유치 또는 확장에는 한계가 있다. 게다가 세종시가 세워지면서 수도권의 기업 유치는 더 힘들어진 상황이다. 다른 대안들도 있겠지만 고부가가치로 꼽히는 관광산업 육성이 여주의 발전과 함께 나아갈 수 있는 가장 적합한 분야가 아닐까?

공해를 유발하고 주거환경을 훼손시키는 등 공업도시 육성전략보다는 먼 미래를 생각할 때 여주는 친환경 관광도시로 나아가는 것이 훨씬 더 현실적이고 나은 방향이다.

컨텐츠 행정은 이렇게 각각의 문제에 구체적인 실현 방안으로 대응하는, 한 차원 높은 행정을 뜻한다. 그리고 구체적인 실현 방안은 경제 마인드를 지닌 CEO 리더십이 아니면 나올 수 없을 것이다. 그래서 전문성을 바탕으로 한 경제 마인드가 먼저 있어야 하고, 그 다음 컨텐츠 행정으로 구현하는 것이 순서다. 그런데 이 때 필요한 건 무엇일까? 바로 돈이다.

지방재정과 예산
발로 뛰는 CEO

행동이 반드시 행복을 가져다주지는 않지만,
행동이 없이는 행복도 오지 않는다.
− 디즈레일리 (영국의 수상, 정치가)

세무공무원 시절부터 그랬지만, 조은세무법인을 창업한 이후부터는 정말로 자리에 앉아있는 시간보다, 직접 나가 발로 뛰는 시간이 더 많았던 것 같다. 책상 앞에 앉아있으면 나름대로 바쁘고 할 일도 많지만 꼭 놓치는 부분이 있는 것 같다. 그래서 나는 책상에 앉아서 일하는 것보단 한 사람이라도 더 만나서 하나라도 더 묻는 게 훨씬 낫다고 생각한다. 가만히 앉아 있다고 해서 저절로 답이 나오는 게 아님을, 나는 너무나도 잘 알기 때문이다.

지방자치와 재정문제

지난해 전국 244개 광역/기초 지자체의 총부채 합계가 126조 원을 넘는다는 안전행정부의 통계자료가 나오는 등 최근 지방재정에 대한 문제점이 부각되자 정부가 나서는 것 같다. 박근혜 대통령도 '중앙도 정부 3.0 취지에 따라 필요한 건 다 공개하는 마당에 지방재정도 다 공개해야 된다.'며 투명한 지방재정을 주문한 것이다. 사실 박 대통령의 지난 해 대선공약이나 정부의 140대 국정과제 등을 살펴보면 지방재정의 대대적인 개혁은 이미 예고된 것이었다. 자세히는 지방재정의 건전성 및 투명성 강화라는 명목으로 지방채무 및 지출관리 강화, 자치단체, 지방교육 재정, 지방공기업 등을 포함한 통합재정수지 산출, 중앙 투·융자 사전심사대상 확대, 재정공시 확대 및 사업별 원가정보 공개 등의 세부내용을 다루고 있다. 한마디로 지자체들의 예산집행을 철저히 감시하고 이른바 쥐어짜기식 세출 구조조정을 통해서 지방재정의 건전성을 확보하겠다는 뜻이다.

지방자치단체장은 주민의 세금을 집행하는 지방행정의 책임자다. 마땅히 지방의 살림을 책임지는 사람으로서 특별히 지방재정을 꾸리는데 있어서 막중한 책임을 진다. 우리 여주는 지난해 9월 여주시로 승격하였다. 뒤에서도 다루겠지만, 이것은 마냥 기뻐할 일만은 아니다. 시로 승격한 것이야 당연히 경사라 할 수 있겠으나, 앞으로 여주시가 해결해야 가야 할 일이 산적해 있고, 이제부터 어떻게 하느냐에 따라 여주시의 운명이 좌우될 변화의 기로에 섰기 때문이다. 특히 시 승격을 앞두고 있었던 공청회에서는 재정적인 면에서의 우려도 상당부분 제기되었다. 이를테면 '우리나라 83개 시 중 42위인 김포시의 인구가 약 25만 명 정도인데, 여주군이 현재 상태에서 시가 된다면, 인구를 기준으로 할 때 전국 83개 시 중에서 68위에 불과한 소규모 시가 되어 명목상만 시가 될 뿐, 사실상 시로서의 기능을 하지 못하는 상태가 될 것'이라는 우려도 있었다. 맞는 말이다. 현실은 언제나 냉철하게 판단해야 하기 때문이다. 비록 시로 승격되더라도 소규모 도농복합도시라는 여주시가 처한 현실이 아니겠는가. 그렇다면 여주시의 제일 과제는 역시나 탄탄한 지방재정의 확립이다.

부도 위기에 직면한 도시들

마침 미국에서는 각 도시들의 파산소식에 술렁이고 있는 것 같다. 실은 몇 년 전부터 심심치 않게 나오던 소식인데, 요즘에는 상황이 심각해 보인다. 보도자료[4]를 찾아보니, 미국 최강의 철강, 자동차

---

4   중앙일보 2013년 8월 13일자 보도 〈연금 지출 허리 휘는 미국, 시카고도 21조원 모자라고〉. 박승희.

파산 위기에 빠진 디트로이트시

미국 제일의 자동차도시인 디트로이트 시는
지난 2013년 8월, 부채 180억 달러(약 19조원)을
감당하지 못하고 미국 연방법원에 파산신청을
내고 말았다. 한 때 미국 4대 도시 중 하나로
손꼽힐 만큼 부유했던 디트로이트시의 파산은
지방자치단체의 방만한 경영이 계속 될 때,
어떤 도시라도 파산이라는 최악의 결과를
피해갈 수 없다는 냉정한 현실을 보여준다.
재정은 지방행정의 기초체력이다. 건강한 재정
없이는 건강한 행정도 없다. 여주시는 시의
승격과 더불어 재정적인 면에서 어려움이
예상되는 만큼, 시민들의 살림살이를 챙길 수
있는 실속 있는 행정을 펼쳐야 할 것이다.

도시 디트로이트 시(市)가 '챕터 9'이라고 불리는 연방파산법 9장에 따라 미시건주 연방법원에 파산보호 신청을 했다고 한다. 185억 달러(약 21조원)의 부채를 갚지 못해서다. 당장 시가 운영하는 모든 기관들이 제대로 돌아가지 못하는 것은 물론, 소방관, 청소부들의 월급조차 제대로 주지 못한다고 한다. 심지어 디트로이트 시의 가로등 중 40%는 밤이 돼도 불이 켜지지 않을 지경이라고 한다. 그런데 이렇게 파산하는 도시가 디트로이트 한 곳이 아니다. 2013년 8월 현재, 미국 신용평가사 무디스는 파산관련 요주의 도시 9곳을 선정해 발표했는데, 오바마 대통령의 고향, 시카고는 부채가 21조원에 이르고, 뉴멕시코의 산타페는 시재정 대비 연금부채액이 6배에 달하며, 포틀랜드시는 연금재정이 고갈상태라 수입한도 내에서만 지출하도록 하고 있는 등 9개 도시에 경고를 보냈다. 미국에서는 2010년 이후에만 파산 신청을 한 도시가 무려 36곳에 달한다고 한다. 폴 크루그먼 프린스턴대 교수는 뉴욕타임스 칼럼에서 '이제 미국의 도시들은 유리한 경쟁자원을 상실할 때 어떻게 바뀐 변화에 대비해야 하는지를 숙고해야 한다'고 말했다. 도시가 경쟁력을 잃었을 때 신속하게 대체 가능한 수입원을 찾는 노력이 재정 악화를 막을 수 있는 만큼 지자체 경영의 기술이 그 어느 때보다 필요하다는 의미다.

도시를 경영하는 일

기업을 경영할 때 가장 중요한 것은 상품(제품)의 질과 수익성 등을 꼽을 수 있을 것이다. 그렇다면 도시를 경영할 때 가장 중요한 것은 무엇일까? 바로 건전한 지방재정이다. 한 도시의 경쟁력은 결국 지방재정을 통해 다 드러나게 되기 때문이다. 지방행정의 요체는 지방재정을 어떻게 운영하느냐에 달려 있다고 해도 과언이 아닐 것이다. 결국 한 도시의 시장이라면, 시장이 꼭 해야 하는 가장 중요한 역할인 예산을 확보하는 일이다. 돈은 가만히 앉아있어도 '어서 날 데려가세요.' 하는 존재가 아닌 것을, 나는 지난 20년의 경험을 통해 뼈저리게 느끼고 배웠다.

모두가 잘 알다시피 시로 승격되는 데는 몇 가지 조건이 있다. 지방자치법에 따르면, 시가 되기 위해서는 인구 2만 명 이상의 읍 2곳을 포함해 전체 인구가 15만 명 이상이거나 인구 5만 명 이상의 읍 1곳이 있어야 한다. 또 농업, 임어업을 제외한 도시적 산업 종사가구 비율이 45% 이상이고 재정자립도가 전국 군 평균치를 넘어야 한다. 재정자립도란 지자체의 전체 재원 대비 지방세와 세외수입 등 자치업무 수요를 스스로 감당할 수 있는 재원 비율을 뜻한다. 당연히 우리 여주는 인구 5만 명 이상인 여주읍이 있고, 도시적 산업 종사가구 비율 76.8%, 재정자립도 37.9%로 이와 같은 요건을 모두 충족시켰다. 하지만 앞서도 말했듯 현실적으로는,

인구 규모로 따졌을 때 전국 86개 중 68번째 시가 됐을 뿐이기도 하다. 특히 재정자립도 37.9%는 실은 2011년 42% 보다는 떨어진 것으로, 이는 전국 평균 52%에 크게 밑도는 것이다.

결국 지방자치단체는 재정이 확보되어야 주민들에게 양질의 서비스를 제공할 수 있다. 당연한 이치다. 아무리 이렇게 하겠다, 저렇게 하겠다고 말해보았자 재정이 뒷받침되지 않으면 소용이 없다. 본질은 시의 살림살이를 어떤 관점과 자세로 꾸려 가는가 하는 문제다. 가만히 있어도 세금은 걷히는 것이고, 임기 중에 그럴 듯한 치적만 쌓고 뒷일은 나 몰라라 하는 식의 후진적인 행정이 나오는 것도 시의 살림살이를 맡은 지방행정이 CEO적인 경제마인드가 전혀 없기 때문에 나오는 것이다.

여주 시민들은 이제 보다 적극적으로 시의 경영에 참여해야 한다. 시민들이 곧 고객이요, 주식회사 명품여주의 주주들이기 때문이다. 시장은 그저 주주들에게 위임을 받아 선출된 CEO(전문경영인)일 뿐이다. CEO가 주주들의 의견도 듣지 않고 그저 자신의 치적 쌓기나 한다면 주주들은 어떻게 해야 하겠는가.

서비스 정신
시민은 고객입니다

고객을 잃는데 10분이 걸리지만,
그 고객이 다시 오는 데는 10년이 걸린다.
– SERI(삼성경제연구소)

유감스러운 소식이었다. 우리 여주가 재작년 하반기에 이어서 작년 상반기에도 경기도 시군종합평가에서, 2회 연속 꼴찌를 했다는 소식. 다행히도 2013년도 9월에 있었던 하반기 시군종합평가에서 전보다 7단계 오른 24위를 차지해, 간신히 시군종합평가 꼴찌 도시라는 오명에서는 겨우 탈출한 모양이다. 그러나 아직도 가야할 길은 멀기만 한 것 같다.

시군종합평가는 어떤 기준으로 실시하는 것일까? 확인해 보니 시군종합평가에 들어가는 평가 항목으로는, 일반 행정과 사회복지, 보건위생, 지역경제, 지역개발, 문화관광, 환경산림, 안전관리, 중점과제, 도시정책 추진 등 총 10개 분야, 150 여개 지표가 있다고 한다.

우리 여주시가 상반기에 비해 성과를 올린 것은 사실이나 아직 자축하기에는 이르다. 성장이 이루어진 부분은 몇몇 분야에 그친 지엽적 범위에서의 성과였고 오히려 더 많은 분야, 더 많은 지표에서 여전히 눈에 띄는 문제점들을 안고 있는 것으로 파악된다. 아직도 해결해야 할 문제가 더 많다는 뜻이다. 그런데 여기서 하나 궁금한 것이 있다. 우리 여주에서 무엇이 문제고, 무엇이 해결책인지, 또 그 해결책을 어떻게 추진해야 할지 누가, 어떻게 결정해야 할까?

바로 '시민'이다. 여주시 공무원은 다만 시민들을 위해서 봉사하는 일꾼들일 뿐이다. 결국 우리 여주의 문제를 제기하고 해결책을 모색하는 모든 출발점은 우리 여주시민들이어야 한다. 그러므로 공무원은 고객을 대하는 마음으로 시민의 목소리를 들어야 한다.

고객의 듣는 것이야말로 서비스의 가장 기본이다. 행정에 있어서도 예외는 아니다. 수백 년 전, 우리의 조상들도 '민심은 천심'이라 하여, 신문고나 격쟁 같은 제도를 두고 직접 백성들의 의견을 듣고자 노력했다. 먼저 듣지 않고서 어떻게 서비스를 실천할 수 있겠는가. 아무리 좋은 것이라도 일방적으로 주어지는 것이라면 좋게 받아들일 수 없을 것이다. 행정에 있어서 재정이 한 축이라면, 또 하나의 중요한 축은 바로 '서비스 정신'이다. 행정은 시민 모두를 위한 것이지, 어느 특정인을 위한 것이 아니기 때문이다. 좋은 행정을 펼치기 위해서는 무엇보다 먼저 더 많이 들어야 한다.

고객이 없이는 기업도 없다

힘든 일을 겪는 시민들은 가장 먼저 관청으로 달려온다. 힘없는 이들이 찾아와 의지할 곳이 어디겠는가. 시청은 시민들의 목소리를 가장 귀담아 들어주는 곳이어야 한다. 서울시에서는 시민들의 아이디어와 건의를 듣는 '시민 신문고'와 다산콜센터를 운영하면서 좋은 성과를 거두고 있다고 한다. 인구가 천만 명이 넘는 대도시에서 할 수 있다면, 인구 10만의 여주는 더 잘 할 수 있지 않을까?

사실 인구가 적을수록 더 유리하다. 말하자면 시민 한 사람, 한 사람에게 더 효율적으로 맞춤형 서비스를 제공할 수 있는 여건은 이미 갖춰진 셈이다. 문제는 유리한 여건을 활용할 수 있는 '시스템'이다.

오죽하면 수백 년 전, 조선시대에도 신문고와 격쟁이란 민원 수리 제도를 만들었을까? 민심을 수렴하지 않고서는 어떤 정책이든 펼칠 수 없다는 것이 고금동서를 불문하고 다 똑같은 이치일 것이다.

고객이 없이 기업은 단 한 순간도 존재할 수 없다. 기업에게 고객이 모두 소중하듯, 시청의 고객은 바로 시민들이다. 지방 행정의 존재 이유가 무엇인가? 바로 풀뿌리 민주주의의 실현이 아니던가. 시민들의 목소리를 들으며, 더욱 성숙한 민주주의를 실현하기 위해 우리가 다시 지방자치제를 부활시키고, 그에 따른 비용을 감수하기로 하지 않았던가. 그러나 그동안 지방자치제도가 이러한 본질에 충실했었는지는 한 번 생각해 볼 일이다. 오히려 지방자치제도가 시행되면서 소외된 시민의 목소리는 없었는지 다시 한 번 살펴볼 일이다.

나는 지역 발전이란 서로 다른 수많은 의견을 하나로 모아내는 일, 그래서 경청과 토론을 거치며 건강한 다수의 의견으로 끌어올리는 데서 시작한다고 믿는다. 모두가 똑같은 목소리만 내도록 하는 것은 화합이 아니라 독재다. 그래서는 아무런 공감대도 이룰 수 없다.

진정한 공감대는 반드시 경청과 토론의 과정을 필요로 한다. 그러면 처음에는 이견이 있었더라도 나중에는 모두가 화합할 수 있다. 그래서 화합의 중심에는 시민들의 목소리를 귀담아들어주는 열린 시정(市政)이 있어야 한다고 믿는 것이다.

고객의 목소리에 제대로 귀 기울이려면

제대로 된 공무원 서비스가 이루어지기 위해서는 공무원들의 기본 자질부터 점검해 나가야 한다. 과감히 인사를 개혁하고, 마음자세부터 새롭게 할 수 있도록 충분한 인성교육과 직무교육, 그리고 선진지 견학의 기회가 주어져야 한다.

나 역시 세무공무원으로 20여년의 세월을 보냈다. 그 시절 나는 공무원으로써 이웃들을 도울 수 있어 행복했고, 기꺼이 딱한 사정에 처한 주민의 소송업무를 대신 처리해 주기도 했다. 그때 만난 분들이 나에 대한 신뢰를 쌓아주었고, 나는 그 신뢰를 바탕으로 더 많은 일을 해 나갈 수 있게 되었다. 공무원 시절, 나의 역할로 시민들의 골치 아픈 문젯거리들이 처리될 때마다 나는 무엇과도 바꿀 수 없는 큰 보람을 느꼈다. 시민과 공무원들 간에 깨끗하고 원활한 소통이 이루어질 때 비로소 이곳은 신명나는 삶의 터전이 될 수 있다. 지역의 발전은 단언컨대 소통에서 출발한다고 확신한다. 서비스하는 공무원은 시민을 주인으로 만든다. 주인이 진정으로 행복한 땅이어야 그곳은 발전할 수 있다.

〈정부 재창조〉라는 책을 쓴 데이비드 오스본과 테드 개블러[5]는 정부의 비효율성과 무능은 정부에서 일하는 사람 때문이 아니라 공무원을 일하게 하는 시스템이 제대로 작동하지 않기 때문이라 말했다. 조직의 생산성을 높이기 위한 각고의 노력과 투자가 필요한 이유이다.

---

5 David Osborne & Ted Gaebler. 〈REINVENTING GOVERNMENT〉 Addison-Wesley Publ. Co., 1992.

또한 정책의 성공을 위해서도 정교한 정책 설계와 정확한 서비스 전달체계가 필요하다. 그런데 공무원들의 세심한 손길과 정성이 없이는 아무리 정책을 잘 설계하고 정확한 서비스 전달체계를 갖춘다 한들 소용이 없다. 행정이란 결국 공무원 한 사람, 한 사람을 통해서 이뤄지는 것이기 때문이다.

사실 잘 드러나지 않는 것 같아도, 공무원들의 투철한 봉사정신과 헌신적인 태도가 훈훈한 미담이 되는 사례도 아주 많이 있다. 친절 공무원 신고센터에 들어가보기만 해도, 금방 확인할 수 있다. 그러나 이런 일들이 단순한 어느 공무원 개인의 미담사례로 남기보다는 전체 공무원이 보다 더 이런 봉사와 헌신에 충실할 수 있도록 시스템화할 수 있어야 한다고 본다.

그렇다면 직무분석만큼 중요한 것이 인재육성 전략이다. 공무원은 행정직이 아니라 행정 서비스직이다. 행정은 책상에 앉아서 하는 것이 아니라, 고객인 시민들을 만나며 하는 것이다. 그러므로 모든 공무원들이 시민들의 의견에 귀를 기울이고, 시민들의 필요를 먼저 볼 줄 아는 서비스 정신을 갖출 수 있도록 공무원에 대한 인재육성 전략을 짜야 한다.

정치가가 행정 지도자가 되면, 공무원은 정치집단이 된다. 그러나 CEO가 행정 지도자가 되면 공무원은 서비스 집단이 된다. 시민이 곧 고객이기 때문이다.

CEO여야 하는
3가지 이유

우리 여주에 필요한 리더십은 정치가가 아니다. 바로 CEO 리더십이다. 구체적으로는 전문성, 돈버는 리더십, 고객감동의 세 가지 능력을 갖춘 CEO라야 한다. 이것은 마치 아이를 키우는 엄마가 가진 능력과도 같다. 비유해보자면 CEO의 전문성은 마치 가족의 건강을 지키는 엄마의 맛있는 '요리실력'과도 같다. 돈버는 리더십은 다른 것이 아니다. 주어진 형편에서 최선을 다해 꾸려가는 '살림살이' 능력이다. 엄마가 가정에서 자신의 자리를 잘 지킬 때 가정에 행복이 찾아온다. 바로 '고객감동'이다.

따지고 보면 세상 이치란 인생을 살면서 자연스럽게 얻어지는 지혜로 깨닫게 되는 것 같다. 공부를 많이 한다고 해서 얻어지는 것은 아니라는 뜻이다. CEO의 리더십도 그렇다. 나는 세무 현장에서 직접 보고 경험하며 자연스럽게 이렇게 생각하게 되었다. 결국 CEO란 이런 사람이 아니겠는가. 회사를 이끌어갈 충분한 전문성, 그래서 회사와 고객의 수익을 책임지는 돈 버는 리더십, 그리고 회사를 찾아와준 고객과 더불어, 고객을 위해 함께 일하는 직원들에게 감동을 주는 것이 바로 CEO라고 생각한다. 그렇다면 우리 여주에도 이와 같은 CEO가 필요하지 않겠는가?

경제마인드(전문성)

최근 서울에서 들려오는 소식들을 보니 공기업 인사를 두고 말들이 많은 것 같다. 특히 임기 초의 공기업 인사는 항상 낙하산 논란에 휩싸이는 것 같기도 하다. 그러나 공기업이든 사기업이든 CEO의 첫째 조건은 전문성이다. 전문성은 학위나 논문으로 쌓을 수 없다. 그 역시 경험의 결과물일 뿐이다. 행정에 있어서 전문성은 무엇일까? 나는 그것이 경제마인드라고 생각한다. 이제는 도시도 경영을 잘못하면 파산하는 시대가 되었다. 들어오는 세금을 기다리며 가만히 앉아 있는다고 돈이 돌지 않는다. 이제는 행정도 돈을 벌 줄 알아야 하고, 어떻게 하면 돈이 들어오게 할지 현장을 뛰어다니는 지도자가 필요한 시대다.

체면을 차리고, 남들의 시선을 의식할 필요도 없다. 우리 여주에 도움이 된다면 단 돈 10만원의 예산이라도 더 따올 수 있도록 하고, 작은 기업, 단 한 명의 인재라도 우리 여주에 필요하다면 직접 찾아가서 모서 와야 하지 않겠는가. 나는 다른 것보다 이런 능력이 행정 지도자의 전문성이라고 생각한다. 그리고 이 전문성은 풍부한 경험과 더불어 장기적인 안목에 기반해야 한다. 전문성은 한 순간에 만들어지는 것이 아니기 때문이다. 거의 40년 동안 세무 한 길을 가면서 깨달은 것이 있다면 배움에는 끝이 없다는 사실이다. 자기 분야에 충실한 사람은 자연스레 열린 태도를 가질 수밖에 없다. 한 분야가 얼마나 깊은지 알기에, 쉽사리 다른 분야에 대해 아는 체 하지 않는다. 아무튼 중요한 건 경제 마인드로 무장한 전문성이어야 한다는 점이다. 〈여주는 경제다〉에서 말했듯이 경제 마인드로 접근할 때만이 여주의 가치를 극대화할 수 있기 때문이다.

돈 버는 리더십

경제 마인드는 반드시 돈 버는 리더십으로 연결되어야 한다. 들어오는 예산에 안주하지 않고, 어떻게 하면 예산이 더 불어날 수 있을까? 고민할 수 있어야 한다. 행정은 재정의 뒷받침이 필수적이다. 그리고 행정의 결과물은 고스란히 시민들에게 돌아가는 서비스로 나타난다. 따라서 먼저 충분한 재정을 확보할 수 있도록 해야 하는데, 그것은 단순한 징세의 문제가 아니다. 지도자부터 경제를 알고, 돈 버는 방법을 아는 전문가가 되어야 한다. 안에서든 밖에 나가서든 돈이 될 만한 것을 찾아야 하고, 돈을 벌어다 줄 사람을 찾아야 한다. 시장이 가만히 앉아 있으면 그 밑에서 일하는 공무원들은 두말할 것도 없을 것이다.

흔히들 공무원들을 가리켜 '철밥통'이라고 한다. 왜 그런 말이 나왔을까? 또 '복지부동(伏地不動)'이라는 말도 있다. 윗사람의 눈치만 보고 납작 엎드려 움직이지 않는다는 뜻이다. 사실 이런 것들은 모두 리더십의 문제에서 비롯되는 경우가 대부분이다. 인사권을 가진 사람의 눈 밖에 나면 안된다는 점 때문에, 비록 고객을 위해 이익이 되는 일이라 할지라도 인사권자의 마음에 드느냐만 신경 쓰기 때문이다. 그러나 어디 일이란 게 그런가? 적극적으로 나서서 잘하려고 하다보면, 뜻하지 않게 실패하고 실수하는 수도 많다. 그럴 때일수록 리더가 먼저 나서서 부하의 허물을 덮어주고, 실패에 연연하기보다, 더 적극적으로 도전하도록 격려해야 하는데, 그렇게 하지 않기 때문이다.

돈 버는 리더십이란 그저 돈, 돈, 돈하며 돈만 밝히는 리더십이 아니다. 들어오는 돈에 만족하지 말고, 있는 돈 까먹지 말고, 오히려 밖에 나가서 돈을 벌어올 만큼 적극적인 자세를 의미하는 것이다. 뒤에서 더 자세히 말하겠지만, 나는 여주시민에게 이익이 된다면 떡볶이 장사를 해볼 마음도 있다. 농담이 아니다. 우리나라 떡볶이 시장의 매출 규모가 얼마인지 아는가? 무려 1조 2천억원 규모다. 어머어마하다. 이렇게 찾아보면 돈을 벌 수 있는 여지는 온 도시에 널려 있다. 문제는 나가서 직접 찾아보는가, 적극적인 경제 마인드로 실천하는가 하는 태도다. 그리고 조직 전체의 태도는 리더십이 좌우한다.

고객감동

무감어수 감어인(無鑒於水 鑒於人)이란 말이 있다. '물에다 얼굴을 비추지 말고, 사람에게 자신을 비추어라' 는 뜻으로 중국 춘추시대의 역사책, 국어(國語) 오어편(嗚語篇)에 나오는 내용이다. 거울에 비치는 외모에 집착하지 말고 친구와 가족 등 주변 사람들의 마음속에 비치는 나의 모습을 직시하라는 의미이기도 하다. 이 말을 CEO의 관점에서 풀어본다면 다음과 같이 말할 수 있겠다.

'물에다 얼굴을 비치지 말고 고객에게 자신을 비추어라.'

경영이 성공적으로 이뤄지고 있다는 증거를 어떻게 찾을 수 있을까? 나는 단 번에 찾을 수 있다. 바로 고객의 얼굴을 보면 안다. 경영이 성공적으로 이뤄질 때 고객의 얼굴에도 웃음이 피어나야 한다. 고객 감동이 없는 경영은 아무리 돈을 많이 번다고 해도 결코 오래 갈 수는 없다.

조은세무법인을 열었을 때, 마침 IMF 금융위기가 닥쳤다. 사업을 시작하는 초기에 하필이면 대형 악재를 만난 것이다. 그러나 조은세무법인은 오히려 외환위기 당시에 비약적으로 성장했다. 그 비결이 무엇이냐는 질문을 받았을 때마다 나는 '고객에게 자신을 비추어라'는 말을 생각한다. 고객감동을 이룰 때 성공은 저절로 따라온다. 행정도 마찬가지라고 확신한다.

새로운 시대, 우리 여주는 지금 새로운 리더가 필요하다. 그것은 CEO 리더십이다.

2

미 스 터
블 루 칩

미 스 터
블 루 칩

스승이신 어머니

내 어머니 임임재 여사. 앞서도 이야기했지만, 내 아버지께서는 내가 네 살이던 해, 불의의 사고로 인해 7년 동안이나 병석에 누워계셨다. 5남매를 혼자 키운 어머니의 고생을 어떻게 다 말할 수 있을까? 어머니는 내게 어머니이자, 아버지 몫까지 감당해주신 여장부시다.

아버지가 사고를 당한 뒤, 어머니는 먹고 살기 위해 안 해본 일이 없었고, 안 팔아본 음식이 없었다. 그 중에 두부장사가 가장 기억에 남는다. 장사를 하기 위해 두부를 집에서 손수 만드셨다.

한 판의 뜨끈한 두부가 만들어지기까지, 그 과정은 어린 시절 본 가장 인상적인 장면 중 하나여서 아직도 내 기억 속 한 편에 어머

보글보글 된장찌개에 넣어 먹어도 좋고, 쭈욱 찢은 김장김치를 척 얹어 먹어도 좋은 어머니의 두부 레시피

1. 두부콩을 준비한다. (어머니는 보통 한 말 정도의 양을 한 번에 만드셨다.)

2. 두부를 만들기 전날 밤, 미리 두부콩을 깨끗이 씻어 둔다. 상하거나 썩은 콩, 돌멩이 같은 이물질들이 섞이지 않도록 잘 골라낸다.

3. 씻어 논 두부콩은 밤 동안 충분히 물에 불려 놓는다.

4. 새벽 4시에 일어난다. (장사에 늦지 않게 나가려면 최소한 4시에는 일어나야 한다.)

5. 부엌으로 가 오동통하게 불어있는 두부콩을 건져 맷돌에 갈아내기 시작한다.
   ※ 지금은 기계로 돌리지만 예전에는 팔로 돌려 상당한 체력이 소모된다.

6. 곱게 갈린 콩물을 솥에 넣고 한바탕 끓인다. 그동안 베로 만든 자루를 준비한다.

7. 끓은 콩물을 준비한 자루에 담고, 막대기를 이용해 콩물과 비지로 분리해 낸다. (막대기를 쥐어짜는 과정에도 상당한 체력이 소모된다.)

8. 분리된 콩물만 다시 솥에 넣고 끓인다. 어느 정도 끓으면 간수를 투입한다. 응고 시키는 과정인데, 이때 콩물이 간수와 만나 구름같이 엉기며 몽글몽글한 순두부로 변신하는 기적 같은 장면이 연출된다.

9. 4각으로 만든 형틀에 면포를 깔아 준비한 후 만들어진 순두부를 퍼서 담는다.

10. 형틀이 차면 면포로 두부의 위아래를 모두 싸고, 누름 판을 덮어 사정없이 누른다. 이때 누름판 위에 물통이나 맷돌 등을 올려 무게를 더한다.

11. 한 시간 정도 흐른 후, 누름 판을 치우고 면포를 펼치면 몸에 좋고 맛도 좋은 뽀얀 두부가 탄생! 만들어진 판 두부를 예쁘게 칼로 잘라 찬물에 담그면 완성!

니의 두부 쑤시던 모습이 생생한 그림처럼 남아있다. 그 기억을 더
듬어 두부가 만들어지는 인고(?)의 과정을 짤막하게 소개해 볼까
한다.

이렇듯 우리가 먹는 단단한 두부 한 모의 탄생 과정에도 생각보
다 긴 여정이 필요하다. 곱게 갈린 콩물이 단단한 두부가 되기까
지, 그 과정은 마치 뜨겁고 무거운 인생사를 거쳐야만 진정 단단한
사람이 되는 우리네 모습과도 닮았다. 지금도 어머니의 두부 만드
시던 뒷모습만 떠올리면 가슴이 뭉클해져 오는 것에는 그런 긴 시
간과 정성이 있어서인지도 모르겠다.

어머니는 나의 스승

우리 어머니는 40세에 늦둥이로 날 낳으셨다. 아버님께서는 어머
니 나이 43세에 뺑소니 사고를 당하셨는데, 7년 간 안방 병석에
누워만 계시다 세상을 떠나셨다. 이런 이유로 어머니는 40대 초반
의 나이에 집안의 실질적인 가장이 되셨다. 여자 혼자 몸으로 시
집가신 두 분의 누님을 뺀 삼남매와 병석의 남편을 책임져야 하는
거센 운명을 맞이했던 것이다.

어머니는 일곱 가족의 생계를 위해 안 해본 일이 없으셨다. 고된
농사일은 물론, 두부 장사, 떡 장사, 그 무거운 소금 장사까지…. 하

두부를 만드는 맷돌과 옷을 수선하던 재봉틀. 나는 맷돌과 재봉틀만 보면 어머니가 생각나다. 맷돌 가는 소리와 재봉틀 돌아가던 소리가 아직도 귀에 생생하다. 그리고 그 소리는 시끄러운 소리가 아니라 정겹고 푸근한 어머니의 추억을 떠올리게 해준다. 어머니는 두부를 만드느라 맷돌을 자주 가셨다. 얼마나 어깨가 아프셨을까. 나는 어머니의 어깨를 좀 더 주물러 드리지 못했던 것이 마음 아프다. 하지만 맷돌을 가는 어머니의 뒷모습은 고되 보이기보다 듬직해보였다. 그리고 내 마음에도 힘이 전해져왔다. '어머니가 저렇게 열심히 일해서 우리를 돌보시는데 나도 열심히 해야겠다.' 싶었던 것이다. 교복을 수선하던 어머니의 뒷모습도 그랬다. 나는 어렵게 입학하게 된 중학교에 가면서 어머니가 수선해주신 교복이 얼마나 든든하고 힘이 됐는지 모른다. 어머니가 고쳐주신 교복은 마치 내게는 슈퍼맨이라도 된 듯 힘을 불어넣어주었다.

지만 어머니는 그런 중에도 항상 우리를 살뜰히 돌보셨고, 집안 살림에 단 한번 소홀한 적이 없으셨다. 지금 생각해보면 어머니는 부지런한 장사꾼이며 동시에 야무진 살림꾼이셨던 것이다. 말하자면 경제마인드를 지니고, 돈버는 리더십을 가지고 계셨던 것이다. 물론 고객감동은 더 말할 나위도 없다. 그런 어머니의 모습은 이후에 내가 회사를 경영하고 내 자신을 운영해 가는데 큰 용기가 되었다. 어머니를 롤 모델 삼아, 어머니가 몸소 가르쳐 주신 삶의 지혜들로 어려움들을 극복해 나갈 수 있었기 때문이다.

인고의 세월을 가장으로 버텨내셔야 했던 어머니는 누름 판 밑 단단해진 두부처럼 여문 사람이 되어 계셨다. 그리고 그런 어머니는 우리 자식들의 이 세상 가장 든든한 버팀목이 되어주셨다.

지금 생각해보면 어머니는 우리가족의 강력한 리더이셨다. 한 국가의 지도자가 그 민족의 흥망성쇠를 좌우한다면, 어머니는 우리가족의 생과 사를 책임진 개척자셨다. 내가 보아온 역사 속 훌륭한 지도자들은 동서양을 막론하고 하나같이 자신만의 뚜렷한 철학과 세계관을 가지고 있었는데, 어머니에게도 그런 지도자들 못지않은 나름의 철학이 있으셨다. 그것들은 리더라면 반드시 갖춰야할 덕목들과 일맥상통하는 부분도 많아, 나를 한 명의 리더로 성장시키는데 무엇보다 큰 밑거름이 되어주었다.

어머니는 항상 남의 말을 귀 담아 들을 줄 알아야 한다고 강조하셨다. 형제나 이웃 간에는 서로 양보하고 함께 나누는 정이 있어야 한다고도 말씀하셨다. 같이 살아가는 사람들끼리 사정을 알아주지 않으면 누가 그 사정을 알아주겠냐 하시던 어머니는 무거운 소금가마를 이고 장사에 나가셔도 번번이 돈이 아닌 곡물이나 농작물로 값을 치러 오시는 일이 많았다. 어려운 시절이었으니, 사람들 사정을 뻔히 알고 계셨던 것이다. 우리 집 형편도 좋지 않았지만 어머니는 항상 더 어려운 사람들을 배려하라고도 가르치셨다. 나는 그런 어머니의 가르침에 따라 집안이 어려운 친구와 도시락을 나눠먹곤 했다. 항상 겸손할 것, 어디서나 남을 먼저 배려할 것을 강조하셨고, 그 말씀을 따라 행동하려 노력했던 나는 친구들의 신의를 얻어서, 덕분에 학창시절 내내 반장을 도맡아 할 수 있었던 것 같다.

또 하나, 어머니가 강조하셨던 것은 절대 포기하지 말라는 것이었는데, 어머니는 어떤 위기가 닥쳐도 결코 멈추거나 좌절하는 법이 없으셨다. 홍수가 논둑을 무너뜨리려고 할 때도 어머니가 벌렁 누우셔서 몸으로 둑을 받쳐 막내누나와 내가 흙을 채워 간신히 위기를 모면한 일이 있었다. 가족의 생계가 자신에게 달려있다는 어머니의 강한 의지는 이토록 강력한 힘을 만들어내기도 했다. 이렇게 포기하지 않고 결과를 바꾸는 힘 외에도 어머니는 몸소 다양한 리더의 모습을 보여주신 일이 많다. 그때그때 상황에 맞는 일감과 재료들로 장사 품목을 만들어내시던 어머니는, 이 시대로 치자면 아이디어 넘치는 컨텐츠 계발자이기도 하셨다. 늘 무슨 일이든 마음을 새롭게 다잡고 임해야 좋은 결과를 가져온다고 말씀하셨다. 어머니는 이미 몸소 혁신의 진정한 의미도 알고 계셨던 모범적인 길잡이셨다.

나의 어머니는 그녀가 만드시던, 판 두부를 닮은 단단한 리더이셨다. 가장으로의 삶이라는 지난한 싸움과 각고의 인내 끝에 탄생한 세상에서 가장 멋지고 맛좋은 두부. 어머니를 내리 눌렀던 누름판 위에는 분명 나도 올라 앉아 있었을 것이다. 고단했던 삶 속에서 가족을 향한 사랑 하나로 길어 올린 힘과 지혜들은 나를 바른 길로 이끌고 키워낸 어머니의 리더십이 되었다.

나는 어머니 같은 리더가 되기를 꿈꾼다. 그녀가 몸소 가르쳐준 리더십은 지금 내 앞에 주어진 문제들을 풀어내는 데 있어서, 가장 고맙고 요긴한 열쇠가 되고 있다. 오늘도 나는 어머니에게서 배운 리더십을 어떻게 잘 발휘할 것인가 고민한다. 아마도 그 답은 어머니가 보여주셨던 헌신적 사랑에 있지 않을까?

6등이라도 행복합니다

2006년, 〈환상의 커플〉이라는 드라마가 있다. 최고시청률 29.2%를 달성했던 인기 드라마였다. 딸아이가 무척 재미있게 보길래 나도 몇 번 같이 보았던 기억이 난다. 배우 한예슬 씨가 연기했던 여주인공 나상실의 성장기를 다룬 이야기가 무척 재미있었다. 그런데 나에게 그보다 더 관심을 끌었던 게 있다. 드라마의 촬영지였던 남해군이 이 드라마를 계기로 삼아, 관광도시로 다시 주목받게 되었다는 사실이다. 드라마도 도시를 살리는 컨텐츠가 된다는 것이다! 나는 여주에서도 꼭 이런 드라마가 나왔으면 좋겠다. 여주에서 촬영하고, 많은 관광객들이 여주를 찾게 되는 그런 명품 드라마 말이다. 그런데 어떻게 하면 여주를 드라마 명소로 만들 수 있을까? 그냥 방송국을 잘 유치하면 되는 걸까? 그렇지 않다. 나는 〈환상의 커플〉이라는 드라마를 보는 내내 여주를 문화의 명소로 만들 방법을 고민해 보았다. (이 이야기는 4부에서 좀 더 자세하게 다룰 것이다.)

목표는 무조건 1등

나에게는 전화위복이 되었던 선물과 같은 기억이 하나 있다.

어린 시절, 끼니를 잇기도 힘들었던 우리 형제들은, 생계 때문에 중학교 진학을 포기해야 했다. 남매들 중 누구도 중학교에 갈 수 없었을 만큼 우리집은 가난했다. 국민학교(지금의 초등학교) 졸업을 앞두고 있던 나도 예외일 수는 없었다. 중학교에 가고 싶은 마음이야 당연히 굴뚝같았지만, 설마 중학교에 갈 수 있을까 싶었다. 그런데 그 때 누나들이 나서서 어머니를 설득하기 시작했다. 나는 어리둥절했다.

"경희는 지금 다니는 학교에서도 늘 1등이잖아요. 여주중학교 진학시험서 1등만 하면 3년 내내 장학금 받으면서 학교 다닐 수 있대요."

막내만큼은 꼭 중학교에 보내고 싶었던 누나들이었다. 어머니라고 그렇지 않았을까. 아마 모르긴 몰라도 자식들을 더 공부시켜주지 못하는 어머니 당신의 심정이 더 많이 아팠을 게 분명하다. 누나들의 설득에 어머니의 마음도 움직였다. 장학금으로 다닐 수만 있다면야 마다할 이유는 없었다.

"그럼 일단 시험이라도 한 번 보자. 진짜로 1등을 한다고 하면."

일단 중학교 입학시험을 치러도 좋다는 허락을 받았다. 단, 조건이 있었다. 무조건 1등을 해야 했다. 내 나이 고작 열세 살, 부담이 없을 리 없었다. 평소에 하던 대로 하자고, 아무리 마음을 다잡아도, '1등을 못하면 어떡하지?', '근소하게 2등을 하면 어떻게 하지?' 싶어서 공부하는 내내 마음이 천근만근 무거웠다. 하지만 누나들과 어머니를 실망시켜드릴 수는 없었다. 나는 애써 태연한 척, 꼭 1등을 할 수 있을 것처럼 의연하게 행동하려고 노력했다.

합격자 발표가 있던 날, 드디어 내 입학시험 등수가 발표됐다. 내 등수는⋯ 6등이었다. 선명하게 찍혀 있던 6이라는 숫자 옆에 써있는 내 이름! 그렇게나 부끄럽고 서러울 수가 없었다. 허탈했다. 6등이면 중학교에 갈 수 없다는 냉정한 현실, 그 믿기 싫은 현실 앞에서 나는 좌절하고 말았다.

터벅터벅, 집으로 돌아오는 발걸음이 어찌나 무겁고 힘이 없었는지. 그냥 가만히 걷고만 있어도 눈물이 났다. 그리고 죄송했다. 누나들에게 미안했고, 어머니께 죄송했다. '1등을 했어야 했는데…' 목표를 이루지 못한 나 자신에게도 화가 났다. 그러나 방법이 없었다. 1등이 아니면 장학금을 받을 방법이 없었다.

기적처럼 열린, 또 다른 창문

그렇게 모든 게 끝나버린 줄 알았던 순간, 기적이 일어났다. 어머니는 나를 중학교에 진학시키기로 하신 것이었다. 힘들겠지만 자신들이 조금씩 더 일하면 학비를 보태줄 수 있지 않겠냐는, 고마운 형제들과 어머니의 결정이었다. 중학교 입학시험에서는 6등이었지만, 나에게 기회를 주기 위해 온 가족이 뭉쳤다. 가족들의 희망이 담뿍 담긴 고마운 선물로 어머니는 등록금을 마련해 준 것이다.
　나는 행복했다. 반드시 1등이어야만 했던 중학교 입학시험. 그 시험에서 6등이라도 나는 너무나도 행복할 수 있었다. 만약 내가 입학시험에서 1등을 해 중학교에 어려움 없이 입학을 했더라면 이런 커다란 행복을 경험할 수는 없었을 것이다. 이후 중학교에 들어가서도 나를 공부시키기 위해 밤낮으로 희생하는 가족들을 보며 나는 학교에서보다 더 큰 가르침을 얻었다. 가족들의 큰 사랑은 소년 원경회를 무럭무럭 키워주었고, 나는 그 사랑 속에서 언젠가 이 사랑을 다른 이에게도 꼭 전하리라 다짐하게 되었다.

살다보면 좌절해서 주저앉게 되는 순간들이 오고, 한번 주저앉으면 영영 일어날 수 없을 것 같은 늪으로 빠지기도 한다. 하지만 주저 앉아본 사람만이 누군가 일으켜주기 위해 내밀어 오는 손의 고마움을 진정으로 느낄 수 있다. 든든하게 힘이 되어주는 사람들의 손을 잡고 일어섰을 때, 주저앉지 않았다면 느껴보지 못했을 더 없는 행복감을 느끼게 되기도 하고 말이다. 위기는 오히려 주변의 소중한 것들을 확인시켜주는 소중한 기회가 되었다. 나는 중학교에 입학할 수 없을지도 모른다는 좌절의 순간, 내 가족의 소중한 사랑을 깨달았다.

교복과 전화위복

위기를 극복하고 나서 행복이 파도처럼 몰려올 그 때, 또 다른 고민이 생겼다. '교복'이었다. 산 너머 산이라고, 진학은 결정되었지만, 교복이라는 짐을 또 가족에게 주는 것이 미안했다. 요즘처럼 비싼 브랜드 교복을 사달라는 것도 아니었지만, 당시 우리집 형편에는 교복 한 벌 마련하는 것도 부담스러웠다. 그 무렵의 내 눈에는 어디 나가기만 하면 교복 입은 학생들이 보였던 것 같다. 그저 나도 모르게 넋놓고 쳐다봤던 것 같다. 말끔한 교복, 평범한 교복, 이렇게나 흔한 교복이 내게는 먼 나라 사람들이 입고 다니는 딴 세상 옷 같아 보였다.

합격의 기쁨도 잠시 그렇게 교복 때문에 우울해하던 중학 입학 3일 전, 나는 또 뜻하지 않게 가족선물세트를 받았다. 어머니께서 장에서 교복을 사 오신 것이다. 3년 내내 써야 한다며 머리에 맞지 않게 큰 모자도 사오셨다. 나는 그 모자 안쪽 테두리에 미군부대 신문지를 말아서 넣어 머리에 맞춰 놓았다. 그날, 어머니는 밤새도록 교복의 단을 줄이고 고치셨다. 나는 너무 기분이 좋아서 어머니 보란 듯이 공부하는 척 했다. 아니, 정말로 공부했다. 공부가 너무 잘됐다. 너무나 기분이 좋았으니까.

다음 날, 어머니는 깔끔하게 손질을 마친 교복을 내게 입혀 사진관으로 데리고 가셨다. 그곳에서 교복을 입고 어색한 모습으로 찍었던 사진은 아직도 내게 고이 남아있다. 카메라 앞에 선 나를 보며 뿌듯해 하시던 그날 어머니의 눈빛을 잊을 수가 없다. 나는 바로 그 순간, 어머니를 위해서 더 열심히 공부해야겠다고 굳게 다짐했었다. 교복 한 벌에도 이렇듯 천당과 지옥을 오가며 마음고생 했다.

'전화위복'은 '바로 복'보다 훨씬 더 큰 울림과 감명을 준다. 어렵게 얻은 학업의 기회는 나에게 더욱 열심히 공부해야할 원동력을 주었고, 지금 가진 것들에 감사할 수 있는 깊은 깨달음을 주었다.

나는 아직도 가난했던 시절의 이런 행복들을 잊지 않고 있다. 어떻게 잊을 수가 있겠는가. 추운 겨울 밤, 따뜻한 군고구마 하나에도 세상을 다 가진 듯 행복했던 그 시절의 기억들은, 지금도 작은 것 하나에도 감사할 줄 아는 겸손한 마음을 갖게 해주었다. 그리고 그런 마음은, 가끔씩 나를 도움을 주는 사람으로 살아가게끔 이끌어 준다.

역시나 어느 추운 겨울날이었다. 세무사 사무실로, 이명선이라는 젊은이가 나를 찾아왔다. 어렸을 때 머리를 다친 한쪽 마비 장애인으로, 한쪽 팔과 다리가 불편하고 시력도 약한 중증으로 보행이 불편한 젊은 이였다. 그와는 사회복지센터 행사장에서 안면 정도만 익힌 사이였기에 나를 찾아온 이유가 궁금했다. 인사를 하고 자리에 앉은 그가 불쑥 말했다.

"세무사님, 얼마 전부터 트럼펫이 고장 나 소리가 나질 않습니다."

그리고 내 마음을 울리는 말을 했다.

"세무사님이 도와주셨으면 합니다. 저는 양로원이나 장애인시설

반드시 1등을 해야만 갈 수 있었던 중학교.

비록 1등이 아닌 6등이었지만, 나는 중학교 교복을 입을 수

있었다. 만약 1등을 해서 내 힘으로 중학교에 갔다면,

나는 가족과 이웃의 사랑이라는 더 귀한 교훈을 얻지 못했을

것이다. 그래서 나는 6등이었지만 6등한 것이 1등한 것보다

나를 더 행복하게 해주었다고 믿는다.

에서 트럼펫 연주를 하며 봉사를 하고 있습니다."

순간 마음이 뭉클해졌다. '도와주셨으면 좋겠습니다.' 나는 이 말이 참 좋다. 나도 도움을 받으며 살아왔기 때문에 그렇다. 누군가에게 도움을 줄 수 있는 것. 그것이 내게는 큰 행복이다. 행복이란 그렇게 번져가는 것인가 보다.

알고 보니 이명선 씨는 악보를 읽을 줄 모름에도 한번 듣기만 하면 하모니카로 연주 해낼 수 있는, 놀라운 음악적 재주를 가진 사람이었다. 장애를 가지고도 이웃에게 봉사하는 그에게, 나는 기꺼이 트럼펫을 선물했다. 명선 씨는 새 트럼펫으로 계속해서 이웃들에게 멋진 연주를 들려 줄 수 있었다. 한 손만으로 연주하는 그의 트럼펫 소리는 세상 어디에서 들었던 연주보다도 아름다웠다. 그는 자신의 연주를 듣고 행복해 하는 노인 분들이나 장애인 분들을 보는 것이 참 기쁘다고 했다. 건강이 허락하는 한 계속 그 일을 하겠다는 이명선 씨를 보며 행복의 진정한 의미를 되새겨 볼 수 있었다. 그렇다. 행복이란 전화위복이다. 도움을 받던 사람도 도움을 주게 되는. 내가 도와준 그 사람도 남을 돕게 되는, 전화위복이다.

용감한 남매의
졸업식

내게는 부모님 말고도 또 한 분 존경하는 사람이 있다. 존경하는 인물을 말하라고 하면 어떤 이들은 책이나 위인을 말하지만, 내게는 아주 가까이에, 내가 가장 존경하는 분이 계신다. 물론 그 분의 이름은 책에 나오지도 않고, 나보다 아주 나이가 많지도 않다. 하지만 지금의 내가 있기까지, 나에게 많은 것을 몸소 가르쳐주신 분이다. 바로 우리 셋째 누나, 원희자, 바로 세 살 위 누님이시다. 그 누나가 아니었다면 지금 나는 어디서 무엇을 하고 있었을까?

든든한 우리 누나

늦둥이였던 나는 형님, 누님들과 나이차이가 제법 난다. 예전에는 다들 그랬지만, 형제가 많은 집에는 항상 형제들간의 서열과 관계가 분명하다. 생계를 책임져야 했던 어머니께서 우리 형제 전부를 돌보기는 힘들었기에, 우리 집은 자연스레 첫째는 둘째를, 둘째는 셋째를 맡아서 돌보는 식으로 관계가 이어졌다. 막내인 나를 전담하던 사람은 나랑 가장 나이차가 적은 넷째, 희자 누나였다.

"누가 내 동생 괴롭혔어? 너야? 너야?"

내가 누구에게 맞고 오는 날이면, 누나가 팔을 걷어붙이고 달려나가, 내 대신 혼을 내주고 왔다. 내가 어디 넘어져서 다치기라도 하면, 씻겨주고 약을 마련해 발라주는 것도 희자 누나의 몫이었다. 그래서 여주동문들은 나에게 가끔 이런 말을 하곤 한다.

"야, 희자 누나 덕분에 니 학교생활이 편했던 줄이나 알아라. 우리들이 성격 좋은 희자 누나를 따르다보니 너랑도 쉽게 친구가 된 거야. 안 그랬으면 친해지기 전에 몇 번은 싸웠을 걸? 한마디로 누나가 하도 맘에 들어서 동생인 너도 눈에 들었다 이거지."

초등학교 3학년 때는 이런 일도 있었다. 당시 아버지께서는 사고로 누워계셨고, 어머니는 장사와 농사로 늘상 바쁘셨다. 고민이 생기면 내가 제일 먼저 달려가 의논하는 사람도 바로 희자 누나였다. 그런데 어느 날 항상 우등상을 받던 내가 그 해는 우등상을 받지 못했다. 선뜻 이해가 가지 않았다. 나는 으레 내가 우등상을 받는 줄 알았는데, 받지 못했으니 어린 나로서는 좀 어리둥절한 일이었다. 그래서 누나에게 말했다.

"누나, 이번에는 학교에서 우등상을 안 주더라."

공부를 못하면 못 받는 수도 있다고 오히려 핀잔을 줄 법도 했을 텐데, 희자 누나의 반응은 달랐다. 내 얘기를 들은 누나가 선생님을 찾아가 따진 것이다. 당시 누나의 나이는 14살, 누나는 무조건 내 편이었던 거다. 한편 당돌하기도 하다. 어떻게 선생님에게 따지러 갈 생각을 했을까? 지금 생각해보면 어린 아이가 동생의 상장을 찾아주려고 애쓰는 귀여운 모습이지만, 그때는 그렇게 누나가 든든할 수가 없었다. 나에게는 누나가 엄마 같고, 비 오는 날의 우산 같은 든든함 그 자체였다.

세상에서 가장 넓은 방

어렵게 들어간 여주중학교 생활도 가족들의 도움으로 무사히 잘 마치고, 이제 고등학교에 입학할 갈 시기가 다가왔다. 졸업과 입학은 원래 큰 축하를 받아야 하는 기쁜 시절이건만, 내게는 항상 졸업과 입학이 가장 넘기 힘든 고비 같았다. 중학교를 졸업하니, 또 고등학교 입학은 어떻게 해야 하나. 다시금 온 집안에 근심이 드리웠다. 집안 형편이야 안 봐도 뻔했다. 인문계 고등학교는 꿈도 꿀 수 없었고, 혹시나 실업계 고등학교라도 갈 수 있었으면 하고 남몰래 바랬다. 하지만 차마 입 밖으로 낼 수는 없었다. 그런데 그 당시 서울에서 양장 일을 하고 있던 희자 누나가 말했다.

"경희야. 서울로 올라와라. 누나가 어떻게 해서든 야간학교라도 보내 줄께."

중학교 3학년이던 나. 고등학교 진학을 앞두던 그 때가, 내 인생에서는 참 추웠던 시절이었던 것 같다. 그런데 그 추위를 덮어주듯 누님은 그렇게 말해주었다. 누나가 먼저 '보내줄게!'하고 말해줘서 참 고맙고, 또 미안했다.

그렇게 희자 누나의 도움으로 나는 등록금이 저렴한 국공립 실업고등학교를 선택해 입학하게 되었다. 누나가 거주하던 보광동에서 가장 가까운 곳에 있던 성동공고였다. 번듯한 인문계 고등학교는 아니었어도, 배움의 열망을 이어갈 수 있다는 것만으로 충분히 행복했던 순간이었다. 그리고는 서울로 상경하여 누님과 함께 자취 생활을 시작했다. 말이 자취지, 두 평 남짓 되는 이층으로 올라가는 계단 밑의 정말로 좁디좁은 공간이었다. 그 좁은 방을 나눠 쓰는 것도 미안한데 누나는 또 말했다.

"경희야. 너 공부해야하니까 책상을 놓자!"

방 안에 책상을 하나 놓으니 책상 위 백열등까지 거리가 70센티미터 남짓이었다. 위로도 좁고, 옆으로도 좁은 방, 누나와 내가 누우면 한 치의 여백도 없는 공간이었지만 나는 참 행복했다. 좁은 방도 아무렇지 않았던, 도리어 바다같이 넓은 우리 남매의 우애가 흘러넘치던, 세상에서 가장 넓은 방이었다.

누님에게 선물한 고등학교 졸업식

고등학교에 진학한 나는 자동차과를 선택해 공부했다. 당시는 온 나라가 경제개발을 부르짖던 1971년도였다. 여러 가지 분야에서도 기술 산업 분야의 인기가 단연 높았다. 나는 그 중에서도 자동차 산업에 미래가치가 있을 것이라는 생각이 들었다. 아직 자동차가 대중화된 단계가 아니었는데도 우리나라 자동차 산업의 태동은 어린 나에게까지 느껴질 만큼 범상치 않았다. 아니나 다를까 이후 자동차는 우리나라 수출 효자 품목이 되어 경제 급성장의 일등

공신이 된다. 나는 비록 대학 등록금 때문에 공업인의 꿈을 접고 공무원이 됐지만, 어린 날의 내 예측은 정확히 적중했다.

고등학교를 다니는 내내 뒷바라지를 해준 사람 역시 희자 누나였다. 누나는 고된 직장일로 밤낮없이 고생하면서도, 내 학비와 우리 둘 몫의 생활비를 벌었다. 이제와 돌이켜보면 이제 갓 스물이 넘은 아가씨 홀로 낯선 서울생활이 녹록치 않았을 텐데, 어린 동생까지 책임지며 타향살이를 견뎌냈던 것이다. 늦은 밤이면 늘 아픈 허리를 콩콩 두드리던 누나에게 나는 '이 다음에 내가 누나, 세단에 꼭 태워 주마.' 하고 너스레를 떨었다. 그럴 때마다 누나는 내게 빙그레 미소를 지어주었다. 나 때문에 고생하는 누나에게 내가 해줄 수 있는 것이라곤 언제 지켜질지도 모를 하염없는 약속밖에 없었다.

그리고 어느새 고등학교 졸업식이 다가오고 있었다. 그런데 졸업식을 얼마 남겨두지 않은 어느 날 희자 누나에게 큰 시련이 닥쳤다. 결핵 선고가 내려진 것이었다. 고된 서울살이가 여린 누나를 결국 병들게 하고 말았던 것이다. 나는 누나를 병들게 한 게 전부 내 탓인 것만 같아 견딜 수가 없었다. 아픈 누나에게 더할 수 없이 미안했다. 누나가 요양을 위해 고향에 내려가고 졸업식이 다가올 무렵, 나는 교장선생님을 찾아갔다.

"선생님, 저희 누나는 집안 형편상 포기할 수밖에 없었던 고등학교에 저를 진학시켰습니다. 그리고 3년 내내 헌신적으로 돌보고 학비를 보태주었습니다. 그러다 지금 결핵이라는 병에 걸려 고향으로 내려가 있습니다. 선생님, 저는 당장 누나에게 보답할 길이 없습니다. 그러니 저의 졸업식 날 누나에게 표창장을 주셨으면 합니다. 제발 제 부탁을 들어 주십시오."

나는 북받쳐 오르는 감정을 간신히 다잡으며 교장선생님께 정중히 부탁말씀을 드렸다. 교장선생님께서는 지금까지 졸업식에서 학생의 가족들에게 표창장을 준 사례가 없어 미안하다고 하시면서 거절하셨다. 거듭하여 부탁을 드렸지만 안타까워 하시면서도 나를 그냥 돌려 보내셨다. 병든 누나를 위해 아무것도 해줄 수 없는 무기력한 시간이 흘러갔다. 그러던 어느 날, 교장선생님께서 나를 부르셨다. 교장선생님은 다른 선생님들과 상의하여 누나에게 표창장을 주기로 결정했다는 말씀이셨다. 교장실을 나서던 내 볼에는 닭똥같은 눈물이 흘러내리고 있었다. 이 큰 도시에서 나를 품어주었던 누나의 사랑에는 비할 수 없이 작지만, 내 마음을 전할 수 있어 너무 고마웠다.

1974년 2월 눈이 하얗게 내렸던 나의 졸업식 날, 희자 누나는 전교생이 보는 가운데 표창장과 부상인 탁상시계를 받았다. 졸업식 내내 누나의 얼굴엔 엷은 미소가 번져있었다. 다행히도 누나는 고향으로 내려간 얼마 뒤 어머니의 지극 정성으로 병을 완치해냈다.

시간이 흐르고 흘러, 나는 어렵게 모은 공무원 월급에 약간의 은행 대출까지 얻어 첫 자가용을 장만할 수 있었다. 처음 내 차에 오르던 순간, 머릿속에는 희자 누나 생각이 가득했다. 얼마 후 명절날 고향에 온 누나를 차에 태우고 세종대왕이 계신 영릉을 한 바퀴 빙 돌았다. 희자누나는 서울 살던 아가씨 시절처럼 맑은 웃음을 터트리며 좋아했다. 비록 근사한 세단은 아니었지만.

고교시절, 교장선생님께 누나에게 표창장을 달라했던 용기가 대체 어디서 났었는지는 잘 모르겠다. 다만 누나의 병을 알게 됐을 때 머리 속이 온통 새카맣게 변했던 기억은 난다. 누나는 옛날에 나에게 우등상을 주라고 담임선생님께 따졌던 자신을 보고 자라 내가 과감해질 수 있었던 거라며 이후로도 농담을 하곤 했다. 어쩌면 누나의 말이 맞는지도 모른다. 과거 누나가 나의 우등상 때문에 담임선생님을 찾아가 논리정연하게 따졌던 걸 기억해보면 우리는 역시 한 핏줄이 아닌가 싶다. 남매는 용감했다.

운명을 향한
일곱 번의 선택

"임마, 넌 꼭 대학에 가야한다. 항공대만 대학이냐? 길은 네 생각과 다르게 여러 가지가 존재한다. 그러니까 포기하지 마라."

당시 전기대학보다 먼저 특차시험을 치뤘던 항공대학에 떨어지고, 의기소침해 있던 나에게, 담임선생님께서 다가와 해주신 말이다. 주영 선생님께서는 이 말씀과 함께 당신의 사비를 털어 3개 대학의 입학원서를 사오시기 까지 하셨다. 지금 생각하면 마음이 울컥할 만큼 감사한 일이다. 하지만 그 당시 나는 그저 낙심해 있기만 했다. 목표했던 항공대에 떨어지고 나니 그저 눈앞이 캄캄했다. 이제 내 미래는 사라져 버렸다는 생각에 그저 절망만이 밀려들고 있을 때였다.

忍字[6] 참을 인, 한 글자.

工夫須向一忍求 공부란 모름지기 참을 인자를 찾는 것.
忍到熟時方自好 참는 것이 익숙하면 참으로 좋은 것.
看他衆人煩惱處 저 많은 사람들은 번뇌 속을 헤매게 되지만
自家胸中還浩浩 내 마음은 도리어 넓고 넓은 바다 같은 그것.

당시에는 어디서인 줄도 모르고 그저 저 한시의 첫 구절만을 언뜻 보았던 것 같다. 工夫須向一忍求(공부수향일인구). 공부란 모름지기 참을 인자를 찾는 것. 그래, 그랬다. 나는 또 참을 인자 한 자를 내 마음에 새겼다.

내게는 너무 먼 대학

취업을 하고자 실업계 고등학교를 진학한 내가 갑자기 대학 입시를 준비했던 계기가 있다. 나름대로 미래의 전망을 예측하고 자동차과를 선택해 자동차 정비 등을 배우고 있던 어느 날이었다. 졸업

---

6   권구, 〈병곡집〉

한 선배들을 찾아가 인사를 드린 일이 있었다. 그 때도 역시 겨울이었다.

선배들의 일터에서, 나는 미래의 희망찬 내 모습을 볼 수 있기를 원했다. 그러나 현실은 달랐다. 선배들은 난방도 안 되는 열악한 작업환경 속에서 얼어붙은 손을 입김으로 녹여가며 일하고 있었다. 기름기 묻은 얼굴, 손은 보기 흉하게 갈라져 있었지만 손을 녹일 난로 하나 없었다. 그 모습을 보는 순간, 나는 갑자기 절망했다.

미래의 자동차 산업을 이끄는 일꾼이 되리라 꿈꾸던 장밋빛 미래가 막노동판의 인부 같은 열악한 처우에 와르르 무너져 버렸다. 보다 나은 미래, 좀 더 나은 월급을 받아 어머님을 모시리라 생각했던 희망도 깨졌다. 그날 이후 나는 자동차 정비일로는 원하는 인생을 살기 어렵다고 느꼈고, 대학진학을 결심했다.

물론 지금 생각해보면 그 당시 내가 참 어렸기도 했다. 하지만 그것은 나 자신을 위한 출세욕이 아니었기 때문에, 내게는 참 중요한 이유였기도 했다. 자동차 학과를 선택하면서 깔끔하게 정장을 입은 모습을 꿈꿨던 건 아니다. 기름때 묻히는 건 상관없었다. 그러나, 중요한 자동차 산업의 역군들이 그렇게 푸대접 받으며 일한다는 현실이 그 당시의 내게 참 크게 다가왔던 것 같다. 무엇보다 나는 어머니를 잘 모시고 싶었다. 하지만 그 현장에서, 나는 직감적으로 무언가 잘못되었다는 걸 느낀 것 같다.

'대학에 가자.'

나는 결심했다. 대학에 가서 더 공부하자. 나는 그렇게 마음먹었다. 대학진학을 결심하자 어느 대학 어느 과를 목표로 할지 정해야 했다. 고등학교에서 배운 것이 기계관련 분야이니 이와 연관된 대학에 진학해야 되겠다는 생각은 했다. 그래서 선택한 것이 항공대였다. 자동차와 마찬가지로 당시 항공 분야도 최첨단 미래 산업이었다. 대학을 가야만 공부할 수 있었고, 졸업만 하면 최고의 대우를 받고 취직할 수 있었다. 항공조종 분야는 시력이 나빠 진학에 어려움이 있었으므로, 항공 기계공학과에 응시하기로 했다.

항공대를 선택한 데에는 다른 이유도 있었다. 지금과 달리 당시 항공대는 국립대로 서울대보다도 먼저 특채로 성적이 뛰어난 학생을 선발했고 등록금이 저렴했다. 어렵게 대학 입학을 결심했지만, 한편으로는 여전히 어려운 가정형편이 걱정되어서 등록금이 싼 항공대를 선택했다.

이렇게 결정하고 나자 남은 것은 대학입시를 위한 공부였다. 뒤늦게 대학 입학을 결심한 만큼 합격하려면 남보다 열심히 공부하는 방법밖에 없었다. 그러려면 운동을 좋아해서 가입했던 학교 역도부도 그만두어야 했다. 선배들은 역도부에도 공부 잘 하는 녀석 한 명쯤은 있어야 된다며 탈퇴를 만류했지만, 내 뜻을 굽힐 수는 없었다. 나는 팔뚝만한 굵기의 몽둥이로 엉덩이 10대를 맞고 탈퇴했다. 그리고 그동안 취업에만 전념하느라 조금 소홀히 했던 공부를 파고들었다. 목표가 생겼으니 목표에 전념해야 했다. 쉬운 일은 아니었다. 대학진학에 맞춰 학과공부를 진행시키는 인문계 고등학교와 실업계 고등학교의 수업 내용이 달랐기 때문에 혼자 정보를 모으고 계획을 짜서 공부하는 수밖에 없었다. 그러나 현실은 내 생각처럼 돌아가지 않았다. 나름대로 열심히 공부했지만, 인문계 학생들과 달리 기초가 튼튼하지 못했던 나는 결국 항공대에 낙방하고 말았다.

길을 잃어버린 느낌이었다. 미래가 사라졌다는 생각에 절망하고 말았다. 꼭 중학교 입학시험에서 6등 했을 때처럼. 그때 그런 나를 어떻게든지 일으켜 세우려 하신 분이 담임선생님이었던 주영 선생님이다. 그리고 앞에서 소개한 것처럼, 꼭 대학에 가야 한다며 나를 격려해주시고, 손수 대학 원서까지 사 오셨던 것이다. 감사한 마음에 나는 그 중에서 내 실력에 맞는 건국대 공업경영학과를 선택해 시험을 치르고 고향으로 내려갔다. 하지만 나는 등록금이 비싸서 붙어도 갈 수 없을 거라고 생각했다. 설명절에 희자 누나가 시골로 내려오기 전에, 결과를 보고 와서 해준 말은, '합격'이었다.

팔아버린 소를 다시 사오며

그러나 나는 대학에 진학하지 않았다. 어려운 가정형편에 대학에

1 한국방송통신대학교 졸업식.
2 성균관대학교 경영대학원 석사학위 수여식.
가족들과 함께. 대학은 내게 너무 멀었다. 나는 번번이
입시에 낙방하거나, 합격했어도 학비가 없어서 대학을 갈 수
없었다. 결국은 뒤늦게나마 한국방송통신대학교를 졸업하고
성균관대학교 대학원에도 진학해서 하고 싶던 공부를
마음껏 할 수 있었다. 지금도 그 시절을 떠올리면 감회가
새롭다. 하지만 중요한 건 그래서 대학을 못 갔다가 아니라,
그럼에도 불구하고 공부를 포기하지 않았고, 늦게나마
열심히 공부했다는 사실이다. 나는 그래서 내 스스로가
자랑스럽다. 비록 남들보다 빠르지 않았어도 남들보다 더
치열하게 공부했기 때문이다.

진학하려는 것만도 굳은 결심이 필요한 일이었는데, 사립학교의 등록금을 낼 생각을 하니 눈앞이 캄캄해졌고 항공대에 미련도 남아있었기 때문이다.

결국 나는 힘들지만 재수를 하기로 했다. 그리고 다음해 다시 항공대 시험을 쳤다. 이토록 어렵게 결정한 재수였건만, 다음 해에도 나는 항공대에 합격하지 못했다. 안타까웠지만 내 실력이 모자란 탓이라고 인정해야했다. 그렇게 생각하자, 마음이 한결 편해졌다. 나는 다른 대학으로 눈을 돌릴 수 있었고, 그 중에서도 미래전망이 밝은 학과를 선택하기로 했다. 그 때가 1975년도로 우리나라의 대륙붕 제7광구에서 석유가 발견됐다는 소식에 온 나라가 희망에 들떠 있던 시기다. 박정희 대통령은 직접 제7대륙붕을 방문, 석유 생산국이 되어 부강해질 우리나라의 모습을 그리며 감격에 겨워 울었다는 소식이 언론에 보도되었다. '바로 이거다'라는 생각이 들었다. 석유가 발굴되면 어떤 산업이 발전할지 전망해보니 화공학과가 떠올랐고 인하대 화공학과에 시험을 친 결과 합격의 기쁜 소식을 접하게 되었다.

생각해보면 나는 항상 진로 결정에 앞서 미래를 전망해보는 습관을 가진 듯하다. 고등학교에 진학하며 자동차과를 선택할 때에도 그랬고, 비록 들어가지는 못했지만 항공대를 가고자한 이유도 미래의 발전 가능성이었다. 그러나 인하대 화공학과에 합격한 기쁨도 잠시, 코앞에 닥친 등록금이 걱정되었다. 하지만 이번에는 포기할 수는 없었다. 꼭 대학교에 진학하고 싶었다. 하루하루 피 말리는 시간이 지나가고, 드디어 입학금 납부 마감일이 코앞에 다가왔다. 사방으로 궁리해보았지만 답이 안 나와 반쯤 포기한 시점, 큰 매형이 입학금을 가지고 찾아왔다. 큰 매형의 집안 사정을 아는 나는 어리둥절했다.

"매형, 이 돈이 어디서 났어요?"
그러자 큰 매형이 어색하게 웃으며 말했다.
"네 형이 소 팔아서 마련한 돈이다. 입학금 때문에 많이 걱정했지? 늦기 전에 가서 내라."

지금은 어렵지만 당시에는 소 한 마리를 팔면 대학 입학금이 마련됐던 시절이다. 시골에서 올라온 많은 학생들이 소를 판돈으로 공부를 해 대학교인 상아탑을 우골탑이라고 부르기도 했다. 그러나 나는 그럴 수 없었다. 우리 집 형편에 소를 판다는 것은 농사를 지어 생계를 유지하는 어머니와 형님의 생활기반 자체를 흔드는 일이었다.

이번엔 소를 팔아 입학한다지만 그러다보면 다음엔 얼마 되지도 않은 땅을 팔아야지만 대학을 다닐 수 있다는 것이 불을 보듯 훤했다. '나 하나 공부하자고 소 팔고 땅 파는 일은 할 수 없다. 나보다는 가족이 먼저다. 이쯤에서 정리하자. 공부야 나중에 해도 되지 않는가. 그래 기왕이면 내가 벌어서 여건이 허락할 때 다시 공부하자. 그것이 어머님과 형님은 물론 나를 진정으로 위하는 길이다.' 이런 결론을 내린 나는 매형께 말씀드렸다.

"매형, 수고스럽지만 이 돈, 다시 가져가셔서 5일장에서 소를 사서 형님께 다시 가져다 드리세요. 제가 생각이 모자라서 괜히 가족들께 걱정만 끼쳐 드리고 형님을 번거롭게 했습니다. 저는, 지금부터 열심히 일해서 제가 번 돈으로 꼭 대학을 갈 테니 제 걱정은 마시고요."

내 말을 들은 큰 매형의 눈빛은 대견스러워 하는 듯 했다. 이렇게 나는 건국대에 한번, 재수를 통해 인하대에 한 번, 그렇게 모두 두 번 이나 대학에 합격했지만 결국에는 대학문을 넘어서진 못했다. 내게는 정말로 너무나도 먼 대학이었다.

지금도 그 때 결정을 후회해본 적은 없다. 단지 언젠가 내가 번 돈으로 꼭 대학에 가서 공부를 계속하겠다는 결심만 잊지 않았을 뿐이다. 뒤돌아보면 정말 잘한 결정이었다. 결과적으로 형님의 생활기반이 되는 소도 팔지 않았고, 세월이 조금 많이 흐르긴 했지만 나이에 상관없이, 내가 원했던 대로 대학은 물론 대학원까지 졸업할 수 있었다.

어떤 일에서든 포기하지 말자. 목표를 이루지 못하는 것은 뜻을

잃어버린 탓이지 환경이나 시간의 제약 때문은 아니다. 나는 내 인
생 속에서 이를 배우고 실천하고 있다.

미스터
블루칩

나는 나의 길을 인도해 주는 유일한 램프를 지니고 있다.
그것은 경험이란 램프다.
– 패트릭 헨리

원경희가 누구냐?

"원경희가 누구냐?"

2006년 군수선거에 처음 출마하려고 했을 때, 사람들은 원경희가 누구냐고 물었다. 그 때 나는 비록 공천은 받지 못했지만 선거 자금으로 쓰려던 5천만 원을 여주군 총동문회와 세종장학회의 장학기금 및 복지기금 등으로 기부했다. 그리고 2010년 다시 미래연합 소속으로 군수선거에 출마하게 되었다.

나는 원래 한나라당에서 정치에 입문했다. 나는 한나라당 정치대학원, 중앙위원회 분과 부위원장 등의 활동을 하면서 착실히 정치에 대해 공부하고 배웠다. 하지만 현실은 공부와 노력만으로 움직여지지 않았다. 공천을 둘러싸고 잡음이 있었고, 나는 공천이 아니더라도 여주를 위해서 준비한 내 노력과 정성을 세상은 알아주리라 기대했었다. 하지만 2010년 지방선거에서 미래연합 후보로 출마, 약 2,000여 표차로 낙선의 고배를 마셨다. 누구도 원망하지 않는다. 나는 내게 주어진 현실에서 최선을 다했다. 비록 바라던 결과는 아니었지만, 한 가지 배운 사실이 있다. 그것은 모든 것을 순리대로 풀어가자는 것이었다. 민심은 천심이라 했다. 사람들은 자세한 내막까지 다 알지는 못한다. 그러나 딱 한 순간 바라보기만 해도, 진정성을 느낄 수는 있다. 현장에서 만난 유권자 분들을 어느 당 후보가 아닌, 그냥 원경희 그 자체로 만났더라면…. 내게 필요한 건 공천이 아니라 용기였던 것 같다. 나를 있는 그대로 드러내는 용기 말이다. 나는 다시 나 자신으로 돌아가기로 했다. 처음부터 다시 시작하기로 했다. 내게 물었다.

  '원경희, 너는 누구인가?'

내 사전에 포기란 없다

가난한 농부의 아들로 태어나, 어려웠던 학창시절을 거치면서 밭 갈며 공부해 세무공무원이 되었다. 그 때까지 내 인생에 단 한 번도 포기란 없었다. 먼 길을 돌고 돌아가기는 했지만, 멈춘 적은 없

2013년 여름 여주지역 수해복구현장
봉사활동에서. 포기하지 않는 것, 어쩌면 한 번에
이기는 것보다 더 어렵고 험한 길인지도 모른다.
하지만 나는 늘 한 번에 이기는 것보다 포기하지
않으면서 이기는 삶을 살아왔던 것 같다. 그
순간에는 참 힘들고, 나의 삶은 왜 이렇게
고비가 많은가 원망한 적도 없지 않았다. 하지만
나는 안다. 그렇게 굽이굽이 돌아온 나의 삶이
없었다면 지금의 원경희도 없다는 것을. 나는
그렇게 남들보다 느리지만, 남들보다 더 많이
보고, 더 많이 배울 수 있었던 것 같다.

었다. 사람들은 묻는다. 그만하면 되지 않았냐고. 적당히 스스로를 돌보며 가족들과 그저 순탄하게 살아도 되지 않느냐고 말이다. 왜 굳이 정치에 나서 고생하느냐고 걱정하는 분들도 계셨다. 그럴 때마다, 나는 동상에 걸렸었던 내 손을 바라본다.

나는 해마다 동상관리를 아주 철저히 하고 있다. 요즘에야 동상 걸릴까 걱정하는 사람은 드물다. 한 겨울에도 금방 뜨거운 물이 나온다. 하지만 나는 늘 겨울이면 동상을 신경 쓰며 산다. 장갑을 끼고, 외출 시에도 두툼한 외투를 걸친다. 한번 걸린 동상은, 방치하면 또 찾아오는 고질병이기 때문이다.

내가 처음 동상에 걸린 것은 고등학교 때이다. 누나와 함께 서울에서 처음 자취했던 보광동의 집은 좁기만 한 게 아니었다. 한 겨울에도 차가운 물 밖에 쓸 수 없는 형편이었다. 우리는 시린 손을 불어가며 쌀을 씻어 밥을 짓곤 했다. 또 조금만 담가두어도 얼어붙어 버리는 빨래를 꽁꽁 언 손으로 빨기도 했다. 그 결과 얻은 것이 동상이었다. 겨울이면 부뚜막에 항상 따스한 물이 담긴 가마솥이 끓고 있던 여주의 고향집에서와는 또 다른 추위를 서울에서 경험했다. 그 후로도 추위에 대한 경험은 한동안 날 따라다녔다. 보광동에서 지낸 지 10개월 정도 지나, 희자 누나는 돈이 좀 모였다며 좀 더 넓은 집으로 이사를 가자고 했다. 새로 이사하는 집의 위치는 지금의 압구정동 부근으로 당시에는 신사동이라 불렀다. 지금

은 대한민국 제일의 부촌으로 손꼽히는 지역이지만, 우리가 이사
했을 당시의 신사동은 배밭이 끝없이 펼쳐져 있던 시골이나 별반
다름없는 지역이었다.

바람이 가르쳐준 한 마디

하필 물이 있는 곳이 더 춥고 바람도 더 강하게 분다. 그 동네에는
저수지가 있어서 바람이 불어도 꼭 칼바람 같았다. 하지만 무엇보
다도 추웠던 기억은 고등학교를 졸업하고 대학입시에 떨어진 후
찾아간 한강에 불었던 매서운 바람이었다. 느낀 바가 있어 남보다
늦게, 공고에서 대학입시를 준비했다.

　돈이 없었기 때문에 국립대를 선택했다. 당시 항공대는 같은 국
립이었던 서울대보다 더 들어가기 힘들다는 말이 있을 정도였고,
다른 대학보다 시험도 일찍 치렀다. 시험을 치르는 내내 농사를 지
으며 고생하시는 어머님과 3년간 가장 가까운 곳에서 뒷바라지를
해준 희자 누나를 비롯한 형제들이, 그간의 모진 고생들이 주마등
처럼 지나갔다. 하지만 결과는 낙방이었다. 가족의 기대에 부응하
지 못한 죄책감과 더불어 크나큰 좌절을 맛보았다. 강변을 걷고 있
었다. 그 때 낙심한 나를 일깨워주듯 한강의 바람이 세차게 나를
치며 지나갔다. 마치 정신 차리라는 꾸짖음 같았다.

‘겨우 대학 한번 떨어진 것 갖고 좌절하다니 정신 차리자! 3년 동안 책을 읽으면서 1시간 반 거리를 하교한 정신이면 앞으로도 기회는 많아.’

칼바람이 뼛속까지 시려왔다. 나는 정신이 번쩍 들었다. 겨우 이 정도 일로 좌절한 내가 초라하게 느껴졌다. 그날 이후 나는 힘든 일이 있을 때마다 그날의 매서운 바람을 생각한다. 오늘도 바람이 분다. 그 날을 기억한다. 포기하지 말자.
동상에 걸렸던 손을 볼 때마다 나는 그 칼바람이 생각난다.
‘원경희! 포기하지 말자.’

미스터 블루칩

원래 블루칩이란 주식 시장에서 건전한 재무구조를 유지하는 우량기업의 주식을 말한다. 포커에서 돈 대신 쓰이는 3종류의 칩 가운데 가장 높은 것이 블루칩인데서 유래되었으며, 경기변동에 강하고 신용과 지명도가 높아 투자가 유망해 우량주의 대명사로 불리고 있다. 사실 나는 우여곡절이 많은 사람이다. 처음부터 유망하지도, 처음부터 우량하지도 않았다. 하지만 그 모든 난관을 이겨내고 세무공무원으로 20년, 세무사로서 18년의 세월을 한 결 같이 살아 왔다. 하지만 그렇게 한 결 같이 살아올 수 있었던 힘은 내 인생의 전반부에 그 비결이 있다고 생각한다.

"원 세무사님은 블루칩이네요."
오랫동안 나와 거래하는 분이 어느 날 불쑥 뱉은 말이다.
"그게 뭔데요?"
"우량주요, 우량주요. 한 번 사두면 가치가 떨어질 리 없는 우량주를 블루칩이라고 하잖아요."

아, 그렇구나. 나는 순간 번쩍 하고 깨달았다. 절대로 포기하지 않고 살아온 나의 가치는, 사람들을 도울 때 비로소 빛난다는 사실을 알게 되었다. 세무공무원이 되기까지 나는 너무도 많은 분들께, 참 많은 도움을 받았다. 그래서 나는 늘 다른 사람을 돕고자 했던 것이었다.

'그래, 나는 정치가가 아니다. 정치를 하려고 선거에 나간 것이 아니었다.'

내가 여주군수 선거에 출마하고자 했던 건, 여주에서 태어나 살아가는 여주 사람으로서 여주를 더 잘사는 도시, 누구나 살고 싶은 명품도시로 가꾸자는 꿈 때문이었다. 그것은 나 하나 잘 살자고 한 게 아니라, 여주에 살고 계신 모든 분들을 위해서 내가 할 수 있는 최선을 다해, 돕고자 함이었다.

미래연합을 나오면서 나는 한 가지 다짐한 것이 있다. 특정 정당의 이해관계를 대변하기 보다는 한 명의 여주 사람으로서 주민들의 삶의 애환을 가슴으로 경청하고, 여주의 미래를 위해 더 열심히 연구하고 공부하자는 다짐이었다. 나는 정치가가 아니니까, 나는 원경희니까. 사람들을 도울 때 비로소 빛나는 미스터 블루칩이니까.

3

나의 경쟁력,
사람과 경험

나는 배경이나 기회만 가지고 성공할 수 있다고 믿지 않는다.

나는 경험을 하면서 나의 길을 만드는 사람이다.

한 번에 그냥 된 적은 없었다. 하지만 안 된 적도 없었다.

나는 항상 아무 것도 없는 무(無)에서 시작했고,

현장과 경험에서 하나씩 채워가며 정확하게 내 길을 걸어왔다.

- 본문 중에서

착한 세무사가
정말 있나요?

성경에 보면 '삭개오'라는 사람이 나온다.

> 예수님이 여리고에 들어가 거리를 지나가고 계셨다. 마침
> 거기 삭개오라는 사람이 있었다. 그는 세관장이며 부자였
> 다. (누가복음 19:1-2)

사람들은 그를 나쁜 세관장으로만 알고 있는데 변화된 이후의
모습을 생각해보면 착한 세관장이 되었다는 것을 알 수 있다. 그는
키가 작은 세리(요즘의 세무공무원)였고, 로마를 대신해서 자기 동
포들에게 높은 세금을 징수해가는 사람이었다. 한마디로 흡혈귀

와 같은, 사람들의 증오의 대상이었다고 표현하는 게 맞을 것이다. 예수님 당시 세리들은 세금을 거둘 때, 정해진 세액보다 더 많은 금액을 거둬서 그것으로 자신들의 수입을 삼았다. 안 그래도 무리하게 높은 세금을 내야 하는데, 거기다 더 거둬가는 세리들이 곱게 보였을 리가 없다.

지금에는 많이 나아졌지만, 내가 처음 국세청에서 세무공무원으로 일할 때만 하더라도 세금과 세무공무원에 대한 부정적인 이미지와 편견이 심했다. 그래서 성경에서 삭개오 이야기가 나왔을 때, 나는 삭개오에게 더 관심이 갔던 것 같다. 그런데 성경에서 어느 날, 예수님이 삭개오의 집으로 찾아가 식사를 한다. 사람들은 수근거리며 예수라는 자가 왜 삭개오같은 나쁜 사람의 집에서 밥까지 먹고 있는지 의아해한다. 그런데 거기서 놀라운 일이 일어난다. 삭개오의 삶이 변한 것이다.

삭개오는 일어서서 주님께 이렇게 말했다.

주님, 제 재산의 절반을 가난한 사람들에게 나누어 주겠습니다. 그리고 제가 남의 것을 속여 뺏은 것이 있으면 4배로 갚겠습니다. (누가복음 19:8)

삭개오는 예수님을 만난 후에 착하게 베푸는 사람으로 변했다.

그는 그동안 거두었던 세금을 이웃에게 나눠준다. 나눠줄 뿐만 아니라 그동안 부당하게 얻은 이익을 4배로 갚겠다고 까지 한다. 나는 이 이야기를 통해 삭개오가 착해졌을 때 - 전문적인 지식과 능력을 가진 사람이 선한 마음을 품을 때 - 나오는 위력에 대해 생각해보게 되었다.

그 당시에도 세금을 거두는 일은 아무나 하는 일이 아니었을 것이다. 기본적으로 세목과 세액을 알아야 하고, 사람들에게 징수한 세금을 어디에 얼마나 올려 보낼지도 잘 알아야 했을 것이다. 삭개오는 나름대로 똑똑하고, 전문적인 지식을 가졌기 때문에 말단 세리가 아닌 세관장까지 되었을 테고, 계산과 이익에 충분히 밝았을 것이다. 그러나 그는 그 능력을 사람들을 착취하고 자신의 부를 축적하는데 사용했던 것이다. 그런 그가 이제는 180도 방향을 바꾸어 자신의 능력을 가난한 사람들을 돕는데 사용하기로 한 것이다. 자, 그러면 그 다음에 삭개오가 살던 마을에서는 어떤 일이 일어났을까? 성경에는 삭개오가 재산의 절반을 가난한 이들에게 나누어 줬다는 것과 부당하게 얻은 것의 4배를 돌려주는 내용만 나오지만 그 안에서 전문적인 행동을 상상하면 다음과 같지 않았을까?

착한 세무 전문가가 할 수 있는 일

세금을 징수하는 일을 하던 삭개오는 마을 사람들 중 누가 가난하고, 어떤 일을 하며 가족은 누구인지 모르는 것이 없었을 것이다. 그런 삭개오는 재산을 나눠줘도 그냥 나눠주지 않았을 것이다. 아마도 그는 먼저 자신이 관리하던 세금장부를 가지고 마을주민대장을 작성해, 누구에게 얼마나 도움이 필요한지, 요즘 말로 하면 사람들의 상태에 맞게 복지대상자 명부를 만들었을 것이다. 또 삭개오는 그동안 자신이 부당하게 착취한 내역을 조사하여 그곳에 필요한 돈을 4배로(필요한 것 이상으로) 돌려줬을 것이다. 그것뿐일까? 내가 삭개오라면 그냥 돕는 것만으로 지나치지 않았을 것이 분명하다. 그들이 앞으로도 궁핍해지지 않도록 여기저기서 얻은 정보와 식견을 바탕으로 계속해서 '돈을 버는 방법'을 알려주었을 것 같다. 다시 말해, 가난이 없는 동네를 만들었을 것이다. 그럴 듯하지 않은가? 그래서 나는 착한 삭개오가 가능하다고 생각한다. **돈에 대한 전문성을 가진 선한 사람**은 한 마을, 나아가 한 도시를 바꿀 수 있다. 그것은 구체적으로 경제와 문화를 살리는 길이다.

국세청에서 근무하면서 가장 힘들었던 것이 있다. 그것은 자료를 조사하는 것도 아니었고, 야근을 하는 것도 아니며, 사람들과 상담하는 것도 아니었다. 단 하나, 사람들의 편견과 오해였다. 어쩌면 당연한 일이다. 삭개오를 바라보는 사람들의 시선이 현재에도 이어지는 것이다. 그것은 '돈을 만지는 사람이기에 부정을 저지르고, 부당하게 돈을 착취할 것이다.'라는 시선이다. 하지만 나에게 사람들의 이런 왜곡된 시선과 편견들은 오히려 나로 하여금 착한 삭개오가 되고 싶게 했던, 되어야만 했던 절실한 이유가 되었다. 그래서 나는 이렇게 기도한다.

하나님
저를 세무공무원으로 만드셨습니다.
하나님
저를 국가의 살림을 하는 사람으로 세워 주소서.

그리하여
정당하게 부과하고, 당당하게 납부해야 하는
세금의무관계를
만드는 사람이 되어 착한 삭개오가 되고자 합니다

이 세상의 부당한 의무로 보이는 관계들을
저로 하여금 끊어지도록 하시고,
선한 돈이 움직이도록 도와주시옵소서.

세무사의 일은 참 값지다. 억울한 일을 겪었거나, 가난한 사람들의 절세 등을 도울 수 있을 때 더더욱 그러하다. '착한 세무사'

1 영국 옥스퍼드에 있는 크라이스트처치
  스테인드글라스에 묘사된 세리 삭개오의 모습.
2 성균관대학교에서 후배 학생들에게 장학증서를
   수여하는 모습.

세상에는 사람들을 이용해서 자신의 이익을 챙기는 사람이
있는가하면, 사람들을 섬김으로써 자신의 이익을 나누는 사람이
있다. 당장 보기에는 전자가 실속 있는 것 같지만, 길게 보면은
후자가 더 큰 이익을 누리게 된다. 나는 우리 사회에 착한 전문가가
더 많아졌으면 좋겠다. 서로 자신이 가진 것을 나눌 때, 놀랍게도
그것은 더 큰 이익이 되어서 돌아오기 때문이다. 당장은 손해인
것 같지만, 더불어 함께 누리는 나눔이야말로 가장 큰 행복이라는
것을 잊어서는 안되겠다.

의 길은 지름길이 아니었다. 나도 그냥 자연스럽게 처음부터 세무사가 되었다면 고통도 모르고, 가난도 모르며 낙심도 모르는 '그냥 세무사'에 불과했을지도 모른다. 그러나 나는 지름길이 아닌, 누구도 가지 않았던 길을 통해 세무사의 길에 들어서게 되었다. 그 길은 3년 내내 같은 공부를 하는 길이었다. 사람들에게 멋지게 보이려면 단 번에 된 사람, 타고난 재능과 실력으로 잘나고 똑똑해서 되었다고 소개해야 될 것이다. 하지만 나는 멋있는 사람보다 진심으로 노력하는 사람이 되고 싶다. 나는 여전히 길을 만들고 있는 사람이며, 열심히 노력하는 사람이 되고 싶다. 그래서 내게 세무사시험은 아주 특별하다. 세무사시험에 단 번에 붙지 않았기 때문이다. 3년간의 수험생활을 통해 아주 철저하게 배운 가르침이 있었기 때문이다. 그 때가 아니면 만날 수 없는 사람들을 만났기 때문이다. 그래서 내게 세무사시험은 '아주 특별한 시험'이라고 생각한다.

아주 특별한 세무사시험

1993년, 바로 내가 세무사자격시험에 합격한 해이다. 3년간 포기하지 않고 십대에 접어든 아이들까지 챙겨가며 공부해서 얻은 성과였다. 그런데 사실, 나는 1992년에 본 두 번째에 붙을 줄로만 알았다. 왜냐하면 첫 번째 시험에서 불과 0.5점 차이로 떨어졌었기 때문이었다. 1점도 아니고 0.5점. 그런데 또 떨어졌다. 그것도 2점 차이였다.

0.5점 차이든 5점 차이든 떨어진 건 떨어진 것이다. 하지만 나는 0.5점 차이면 거의 붙은 것이나 다름없다고 생각해버렸다. 다음번 에는 그냥 붙겠지 하고 자만해 버린 것이다. 나는 큰 충격을 받았 다. 0.5점에 나태해져 버린 내 마음을 채찍질하며 다시 한 번 마음 을 다잡았다. 그리고 세 번째 시험에서는 회사 근처 독서실에서 5 개월 동안 공부했다. 독서실에서 공부하는 동안 나는 먼저 사람들 을 만나는 전문가가 되었다.

나는 배경이나 기회만 가지고 성공할 수 있다고 믿지 않는다. 나 는 경험을 하면서 나의 길을 만드는 사람이다. 한 번에 그냥 된 적 은 없었다. 하지만 안 된 적도 없었다. 나는 항상 아무 것도 없는 무(無)에서 시작했고, 현장과 경험에서 하나씩 채워가며 정확하게 그 길을 걸어왔다.

실패해본 사람은 실패한 사람의 마음을 안다. 실패해보지 않은 사람은 퇴직 이후 절망에 빠진 한 사람을 품기 어렵다. 머리로 이 해한다고 생각하겠지만, 몸으로 이해할 수는 없다. 노력 없이 승진 한 사람은 끝없이 좌절하는 젊은이들에게 위로를 주지 못한다. 그 사람이 위로를 주고 싶어도 젊은이들이 그를 보면 위로가 안 되기 때문이다. 노력해서 안 되더라도 포기하지 말라는 말은, 노력해도 좌절해본 경험이 있는 사람만이 할 수 있는 말이다.

세무사자격시험을 통해서 나는 실패도 맛보았고, 자만도 맛보았다. 하지만 그랬기에 2번의 실패를 통해, 한 번 만에 붙었다면 깨닫지 못했을, 내게 필요한 겸손과 최선을 배웠다. 그렇게 회사생활과 아이들을 챙기면서, 독서실에서 사람들을 만나가면서, 값진 합격의 열매를 손에 쥘 수 있었다. 그렇게 나는 첫 관문부터 특별하게 시작할 수 있었다. 내가 잘나서가 아니라, 내가 부족했기 때문에 얻을 수 있는 아주 특별한 시작이었다.

나는 여전히 착한 삭개오가 되기 위해
길을 만들어가고 있다.
나는 오늘도 착한 세무사가 되어가고 있다.
넘어지고 쓰러져도, 다시 가난한 사람을 위해
일하는 길을 가는 중이다.
그리고 그 길이 끊임없이 나를 갈고 닦으며,
지금도 나의 부족함을 채워주는 중이다.

퇴직금
251명 사건

20년의 국세청 근무를 마치고서 퇴직한 바로 다음 날, 나는 아내에게 흰 봉투 하나를 내밀었다.

"이게 뭐예요? 여보."
아내는 갸우뚱거리며 봉투를 받아들었다.
"내 퇴직금이야."

퇴직금이라는 말에 아내는 아주 조금 기대를 품었으리라. 아니, 큰 기대를 했을지도 모르겠다. 무려 20년을 열심히 일한 직장이 아니었던가. 하지만 봉투 안에는 돈이 아닌 사람이 들어있었다.

박 ○○ (꽃보다 술) 전남 여수군 ○○○번지

김 ○○ (든든한 아버지) 부산 광역시 해운대 구 ○○번지

임 ○○ (오징어) 전남 여수군 ○○○번지

…

…

봉투 안에 들어있던, 모두 250명의 이름과 직함, 별명, 전화번호, 주소가 적힌 종이 몇 장을 본 아내는 눈만 깜박깜박 거리면서 말없이 나를 바라보았다. 그래서 나는 아내에게 웃으면서 이런 말을 했다.

"그냥 그러고 싶었어."

아내는 그 이후 이 이야기만 나오면 '퇴직금 250명사건'이라고 놀리곤 한다. 하지만 그저 웃자고 한 행동은 아니었다. 20년 동안 국세청에서 근무하면서 나에게 남은 것은 '돈'이 아니라 '사람'이었다. 그래서 퇴직하면서 그동안 함께 한 사람들의 이름과 남겨야 할 사항을 적어보았다. 아내는 대한민국에서 퇴직금을 명단으로 받은 사람은 자신밖에 없다고 말하면서도 퇴직금은 어디다 썼는지 묻지 않았다. 참 고마운 사람이다. 그런데 사실 아내는 250명 사건이라고 알고 있지만 진짜는 251명 사건이다.

2013년 11월 13일 노인대학 세법 강의 도중. 30년 가까이 세무관련 일을 통해 사람들을 만나면서, 사람이야 말로 진짜 소중한 재산이라는 사실을 알게 되었다. 일은 끝나면 끝이지만, 일이 끝나도 사람과의 만남은 끝나지 않기 때문이다. 한 번 인연을 맺은 사람들과 오래도록 함께 하는 것. 그것이야 말로 정말 값진 재산이라는 사실을 나는 '퇴직금 251명 사건'을 통해서 다시 한 번 깨닫게 되었다. 나는 사람들과 함께 할 때 가장 행복하고 마음이 여유롭다. 한 사람, 한 사람이 나를 풍성하게 해주는 소중한 자산이기 때문이다.

실은 퇴직을 마음먹은 시기에 나의 스승님 한 분을 찾아갔었다. 나에게 착하게 살아도 괜찮노라 말해주신 분이다. 그래서 퇴직할 때가 다가오자, 스승님을 꼭 찾아가서 함께 사는 이야기를 나누고 싶었다. 그리고 그분에게 퇴직금을 드리고 돌아왔다. 스승님이 가시는 길에 조금이나마 도움이 되고 싶었기 때문이다. 그래서 아내는 250명이 퇴직금의 전부인 줄 알고 있지만, 사실 진짜 퇴직금(이 퇴직금의 정식 이름은 퇴직일시금이다)은 스승님까지 포함한 251명이다.

진짜 재산은 '사람'

1996년 국세청을 나온 나는 '원경희 세무사 사무소'라는 상호로 처음 세무사 사무실을 열었다. 나는 무언가를 시작하면 '위기'가 찾아올 것임도 안다. 어릴 때부터 위기를 극복하며 자랐고, 포기하지 않고 싸우는 훈련이 되어 있다. 이번에 사무실을 낼 때도 내심 준비하고 있었다. 세무사 사무소가 자리 잡기 시작했고, 그 위기가 찾아왔다.

1997년 온 나라의 경제를 흔들어 놓은 IMF가 그 주인공이다. 세무사 시험도 3번 만에 되고, 무언가 하려고 하면 몇 번에 걸쳐서 된다는 것을 알고 있기 때문인지 이제 웃음이 나왔다. 어떤 사람들은 너무 곱게 자라서 고난이나 갈등이 생기면 해결보다 도망을 치고, 또 어떤 사람들은 책으로만 공부해서 머리로는 뻔히 답을 알면서도, 막상 힘든 일 앞에서는 허둥지둥대는 모습도 많이 보았다. 하지만 나는, 무엇이든 몸으로 먼저 배우고, 자라오면서 항상 힘든 일들을 많이 겪어서인지 IMF가 닥쳐도 겁이 나지는 않았다. 그저 담담하게 '또, 위기가 닥쳐오는 구나.' 할 뿐이었다.

믿었던 대기업이나 은행도 하루가 멀다 하고 도산하는 시기였지만, 1년 정도 밖에 안 된 '원경희 세무사 사무소'는 건재했다. 오히려 경제 위기일 때 더더욱 지속적인 성장을 기록했다. '원경희 세무사 사무소'가 IMF를 이길 수 있었던 비결이 궁금하지 않은가? 해답은 바로 내 퇴직금 속에 있었다. 퇴직금 명단에 있던 분들의 적극적인 도움이 있었기 때문이었다.

251명을 만난 이야기를 다 담으려면 251권의 책을 내야 할 것이다. 대부분 내가 국세청에서 세무공무원으로 근무할 때 만나게 된 귀한 사람들이다. 세무관련 상담을 받으러 오셨다가 이야기를 나누게 되고, 인연을 맺은 사람들이었다. 이제는 가족처럼 지내게 된 사람들이다. 이 분들과 나의 관계를 한 단어로 말한다면 "믿음"이라고 부르고 싶다. 한 사람을 알고 나면, 진실한 관계를 맺게 되고, 또 그분들이 한명, 두명 소개를 해주셔서 '어려울 때 믿고 맡길 수 있는 사람'이라는 신뢰가 나의 브랜드가 되었던 시절이었다.

그러던 어느 날 퇴직금 251명 중 1명이 전화가 왔다.

"여보세요? 원경희씨죠? 저 박 ○○입니다."
"네! 요즘은 술 좀 줄이셨어요?"
"네네! 안 그래도 찾아뵈려고 했는데, 급하게 친구 한 놈이 믿을
만한 세무사를 소개해달라는 거예요. 그래서 전화했어요."

믿을 수 있는 세무사라니! 너무 기뻤다. 이렇게 남들 다 겪는
IMF 위기를 퇴직금 251명 덕분에 사무실이 단단해지는 시기로 보
내게 되었다. 돈이 재산이 아니다. 진짜 재산은 바로 사람이다.

내 퇴직금은 지금도 불어나는 중

비록 시작은 일 관계로 만난 사람도 진심으로 대화하고, 이야기를
나누면서 친구가 되고, 퇴직하면서도 이어지고 싶은 사람으로 명
단에 적어가는 것은 큰 복임을 느끼게 된다. 이러한 믿음과 사랑을
주신 분들에게 부끄럽지 않은 사람이 되고 싶다. 내 생을 마칠 때,
인생의 퇴직금으로 당신이 적히면 좋겠다. 그렇게 진심으로 살고
싶다.

일이 끝나도 사람은 남겨야 한다. 이것이 오랜 경험이 내게 가르쳐

준 노하우다.

　여러분도 퇴직금을 세어보는 경험을 하기를 바란다. 어떤 일을 마칠 때나, 학교를 졸업할 때, 회사에서 퇴직할 때마다 세어보는 것이다. 당신도 나의 퇴직금이 되면 좋겠다. 그리고 나도 당신의 퇴직금이 되면 얼마나 좋겠는가. 나도 20년을 일하면서 받은 251명을 소중하게 여기면서 살아야겠다. 이 생을 마칠 때는 과연 몇 명의 퇴직금이 남아있을까? 나는 여전히 설레인다. 내 퇴직금은 지금도 매일 불어나는 중이다.

현명한 바보가 되는데
걸린 시간, 30년

보통 사람들은 나의 경력을 보고, 내가 1975년 공무원시험에 합격해서 국세청 세무공무원으로 20년을 재직하고, 다시 세무사 사무소를 개업해 지금의 조은세무법인을 키워 왔다고만 생각한다. 하지만 나는 1975년 이후 지금까지 바보가 되어 온 30년을 이야기하려 한다. 세무사가 바보라고 하면 믿기 어렵겠지만, 나는 바보다. 그리고 나는 앞으로도 계속 바보로 살고자 한다. 현명한 바보.

내가 바보가 된 2가지 사건을 소개해보겠다.

집 몇 채나 샀어?

국세청 근무를 발령받은 것이 '바보'가 된 시작이었다. 적성에도 잘 맞고 재미있게 일하고 있던 어느 날이었다.

"국세청 세무공무원이면 돈 많이 벌었겠네? 집 몇 채 샀어?"

망치로 머리를 한 대 얻어맞은 것 같았다. 사람들이 세무공무원을 당연히 돈 많이 버는 사람으로 여긴다는 생각에 놀랐다. 마치, 세무공무원 = 뇌물/청탁, 부정축재 라는 공식이라도 있는 듯했다.

모든 세무공무원들이 뇌물이나 청탁을 받는 것은 아니다. 월급을 쪼개 적금을 붓고 내 집 마련을 위해 고심하는 사람도 많다. 나만 해도 "가족이 함께 하는 집" 구입이라는 목표가 있었지만, 세무공무원으로 재직하는 동안 내 힘으로 집 한 채를 장만하지 못해 가족들에게 미안한 마음을 가지기도 했다.

'세무공무원 나쁜 사람 아니에요. 아니에요!' 라고 말하면서 다닐 수도 없고, 답답하기만 했다. 그래, 차라리 바보가 되자. 그 누가 뭐라고 해도 나 만큼은 '뇌물 근처에는 발가락도 넣지 않고 뇌물의 뇌자도 꺼내지 못하도록 하자.' 라고 생각하고 30년 동안 그렇게 살았다.

세무사에게는 참 다양한 표정을 지은 사람들이 찾아온다.

① 화내는 사람 – 적법한 절차에 따라 세금고지서를 발급했지만 불리한 세금인 것처럼 인상을 지으며 화를 낸다.

② 귓속말 하는 사람 – 뇌물을 안 줘서 세금을 부과했다고 여기고 몰래 찾아와 얼마면 되겠냐고 뇌물 제의를 하는 사람이다.

이 뿐만 아니라 더 다양한 사람들이 찾아온다. 그들의 공통점은 세금은 뇌물을 주면 없어지는 것이라고 착각을 한다는 것이다. 이럴 때는 더 바보가 되어 말해야 한다. 바보는 단순하다. 복잡하게 생각하지 않는다. 그렇기에 나는 뇌물이 아닌 세금을 내도록 말하는 수밖에 없다. 세금에 대한 기초적인 지식을 상식화되도록 하는 것이다.

"그 돈, 나라에 내세요. 세금을 내시는 게 더 좋은 뇌물입니다. 저 한 사람은 당신을 책임지지 못하지만 나라는 끝까지 책임집니다."

그러나, 세무사 일을 하면서 이런 사람들만 만나는 것은 아니다. 오히려 이런 사람들은 소수이고, 대부분은 정말로 열심히 땀 흘리며 노력하는 분들을 만나게 된다. 내가 여주에 세무법인 분점을 내야겠다고 결심하게 된 것도 그 때문이다. 내 고향 우리 여주에서, 내게 주어진 능력으로, 여주 사람들을 도우면서 살고 싶었기 때문이었다. 월드컵으로 온 국민이 들떠있던 2002년이었다. 모두가 '대한민국!'을 외치며 박수를 칠 때 나는 고향이 더 그리울 정도였다.

2002년, 조은세무법인을 설립하고 제일 처음하게 된 일이 여주에 지점을 내는 것이었다. 그때 당시 여주의 세무사는 단 한 명이었다. 상황이 이렇다보니 여주의 사업가들이나 일반인들은 이천 혹은 서울까지 세무 상담을 받으러 가야만 했다. 그나마 제대로 된 상담을 받지 못해 손해를 보는 일이 많았다. 필요한 곳에 필요한 사람이 있어야 한다. 내가 아니라도 누군가가 자신의 고향에 필요한 부분을 채워가고 함께 하는 일만큼 행복한 일이 있을까. 마치 어머니가 자신을 키워서 서울에 보내어 기계를 배우게 된 아들이 어머니의 농사기계를 고쳐주러 오는 일, 그것은 당연함이자 보람된 일이다. 여주에 내려와 상담을 하면서 그동안 여주군민들이 얼마나 세무컨설팅을 받지 못해 곤혹을 치루고 있었는지를 듣고 마음이 아팠다.

포기하지 맙시다

어느 날, 중년의 여성 한 분이 땀을 흘리면서 사무실로 들어왔다.

"여기서 세금처리 할 수 있습니까?"

그분이 숨을 몰아쉬면서 세금에 대해 이야기 하시는데 내 눈이 붉어졌다. 내용을 듣고 있으니 전문적으로 해결하면 너무나 쉽게 해결할 수 있는 단순한 문제인데도 모르기 때문에 잠을 못 주무셨을 것이 보였기 때문이다. 마음을 얼마나 쓰셨을지 생각하니 안타까운 마음이 올라왔다.

쌀 포대를 만드는 공장을 운영하시는 여성분이었다. 세금신고를 하였지만 세무처리 과정에서 매출누락이 발견되었는데 그 금액이 납세자의 입장에서는 거액으로 과중하다는 것이었다. 이 일의 경위를 살펴보면 이렇다. 흔히 우리나라 개인 사업자들에게 일어나는 일이기도 하다. 개인 사업자의 경우 공장을 운영하다보면 바쁘게 되고, 깜박하여 장부기재를 제때하지 못하고 넘어가게 된다. 그러면 자연스럽게 매출 누락과 경비누락이 발생될 수 있다.

바쁘다는 이유로 제 때 처리하지 못한 일이 커다란 화산이 되어 금방이라도 폭발할 것만 같은 큰 일이 되었다. 하지만 이런 경우에 고의로 세금을 피하려고 매출을 누락한 것이 아니다. 가정형편도 어려운 상태였으며 어려운 사업을 열심히 하다 보니 장부에 세세하게 적을 겨를 없이 살아낸 것뿐이다. 그렇다면 장부에 적지 못한 것이 어디 매출뿐이었을까? 당연히 지출도 누락되었을 것이다. 그것을 증명하면 되는 일이다. 공장을 세우면서 대출을 받은 돈도 다 갚지 못했고, 대출금에 대한 이자도 매달 내고 있는 상황임도 증명이 가능했다.

세무서에서는 매출누락만 지적하고, 세금을 부과했을 뿐이었다. 경비누락이나 대출금과 이자 지출에 대한 누락은 인정해 주지 않아 매출 누락에 대한 부가가치세, 매출누락에 대한 종합소득세 등이 과세된 것이다. 이를테면 축구장에서 선수에게 퇴장명령만 말하고, 퇴장의 이유와 퇴장이 안 되려면 어떻게 해야 하는지를 말해주지 않았다는 것이다.

그 분은 매출누락을 인정하고 경비누락이 있음을 들어 이의신청을 하였지만 실제 지출증빙을 제시하지 못해 이의신청 및 심판청구가 받아들여지지 않았고 억울한 여사장님은 변호사를 통해 행정소송도 하였지만 1심에서 끝내 승소하지 못했다.

그래서 여성 사업가는 노력을 멈췄을까. 아니었다. 담당 세무서에서 여성사업가에게 사정이 안타까운데 이 문제를 조금이라도 제대로 처리하려면 좀 더 관심을 가져줄 세무사를 찾아가라고 권해줬다고 한다. 그렇게 수소문하여 찾아온 곳이 우리 '조은세무법인'이었다.

　그런 사연을 안고 어렵게 사무실을 찾은 그 분이 자리에 앉아 자신의 이야기를 풀어놓는 동안, 나는 물 두 컵을 비우면서 속으로 생각했다.

　'내가 이 문제를 해결할 수 있는가?'

　1차 행정소송까지 패한 사안이라 막막하기도 했지만, 억울하고 답답해서 여기까지 찾아온 모습을 보면서, 나는 도와 줘야겠다는 마음이 들었다. 어느 드라마의 주인공이나 슈퍼맨처럼 단 한 번의 처리로 말끔하게 해결해주고 싶었다. 나는 한 번 시작하면 공을 들이고, 열심을 내는 스타일이다. 나는 그 분과 약속했다.

　"포기하지 맙시다!"

　세금문제 해결의 첫 시작은 마술을 부리거나 거짓말을 꾸미는 것이 아니었다. 아주 정직하고 진실하게 진행해야 한다. 나는 공장 설립 초기였던 1990년부터 지금까지의 십 여 년의 모든 장부와 대출거래 관계 등의 자료를 검토하기 시작했다. 그리고 그 서류들을 읽고 정리하고 각종 대출 관계의 변화와 이자 납부, 경비지출을 파악하고 정리했다. 또 지금까지 남아있는 대출금과 이자 납부 인건비 등이 경비로 지출되었지만 누락된 증빙 자료, 그것이 공장 운영에 쓰였다는 증거서류 작성을 마무리 했다. 그렇게 하는 시간이 꼬박 5개월이 걸렸다.

　당장 해결할 수는 없었지만, 오랜 기간 이런 자료들을 종합하여 제출한 준비서면으로 법원에서는 과중하게 부과된 종합소득세를 취소하라는 판결을 받았다. 또 한 명의 사람을 얻는 시간이었다. 이 분은 이 일을 계기로, 장부정리를 충실하게 하게 되었으며, 세무문제는 조은세무법인에 맡겨 지금까지 성실하게 사업을 하고 계신다.

이렇게 점차 입소문에 힘입어 여주의 조은세무법인은 날로 번창하게 되었다. 여주는 나를 만들고, 나는 여주를 위해 내 전문성을 기꺼이 사용한다. 여주 발전에 도움이 되려는 사람들을 돕는 일은 참 행복한 일이다. 이렇게 일하다 보니, 사람들은 날더러 바보라고 한다. 쉽게 돈버는 길을 마다하니, 바보처럼 보일 법도 싶다. 그러나 또 어떤 사람들은 나보고 현명하다 한다. IMF 금융위기조차도 이겨낼 수 있었으니까. 그러니 나는 '현명한 바보'다.

여주 바보 원경희

현명한 바보가 되기까지 30년이 걸렸다. 이제는 그 현명한 바보가 길을 만들려고 한다. 아마 이것도 누군가에게는 바보같아 보일 것이다. 맞다. 나는 또 하나의 바보 별명이 있다. 바로 '여주 바보'다.

부정적인 일을 해야만 정치를 할 수 있다는 생각을 바꾸는 일이 내가 할 일이다. 이 일이 몇 년이 걸리더라도 상관없다. 정당한 세금은 내게 하고 억울한 세금을 내지 않게 하는 기업을 살리는 세무사, 사람다운 세무사가 되었던 것처럼 말이다.

여주만의 잠재력을 최대한 발휘하게 해서 우리가 사는 여주를 '명품여주'로 만드는 일. 나는 이제 그 일을 하고 싶다.

아내와 함께
꾸는 꿈

10년 전, 아내가 나에게 러브레터 한 통을 써줬다. 그 글이 여주군 여성단체협의회와 여주군청이 공동으로 주관한 '2004년 부부가 함께 쓰는 러브레터'에 최우수 작품으로 선정되었었다. 그 글을 통해서 우리 가족 이야기를 좀 하려고 한다.

이 글은 여주군청과 여주군여성단체협의회가 공동으로 주관한 '2004년 부부가 함께 쓰는 러브레터'에 아내인 주영숙이 응모하여 최우수작품으로 선정된 '우리가족 만세-생활 속 우리 부부만의 행복 비법'이란 제목의 작품 전체 내용입니다.

우리 부부는 고등학교 때 서울에서 만났다. 벌써 32년이 되었

아내와 함께 하는 30년이 넘는 지난 세월
동안, 아내는 친구로, 또 동반자로, 때로는
기뻐하며, 때로는 슬퍼하며 말 그대로
동고동락해왔다. 시간을 함께 보낸다는 건
그 이상의 의미가 있는 것 같다. 함께 보낸
시간만큼 앞으로의 시간도 함께 하고 싶다.
그것은 함께 꿈꾸는 미래가 있기 때문이다.
여주도 마찬가지다. 태어나서 지금까지
여주와 함께 한 시간들이 있었기에, 나는
앞으로도 여주와 함께 하고 싶고, 또 함께
할 꿈을 꾸는 것이다.

다. 큰 아이가 25살이 됐으니, 결혼 생활도 26년째가 된다. 비록 철모르는 어린 시절에 만나 서로의 애정을 쌓아오고 7년 연애 끝에 결혼한 우리는 한때 서로를 이해하지 못했던 때도 있었지만, 우리에게는 서로를 위하는 강한 믿음이 존재하였다.

우리 부부는 애초에 서로가 넉넉하지 못한 가정에서 태어나 비록 많이 배우지는 못했지만, 그 배움의 갈증을 결혼 후 바쁜 시간을 쪼개어 하나씩 충족시켜 나갔다. 남편은 고등학교를 졸업하고 건국대, 인하대 등 2군데에 합격하였으나 살림이 어려워 진학을 포기하고 공무원 생활을 시작하여 열심히 근무하면서 시간을 쪼개어 방송대학교 경영학과를 졸업하고, 다시 세무사 시험 준비를 하여 3년 만에 세무사 고시에 합격한 후 2000년에 성균관 대학교 경영대학원 석사과정을 졸업한 말하자면 불굴의 만학도였다. 나도 남편의 뒤를 이어 42세에 방송대학교 유아교육과에 입학하여 4년의 전 과정을 마치고 졸업을 하였다. 그러니 우리 부부는 누가 보아도 만학도라고 볼 수 있다.

남편은 현재 세무사(조은세무법인 대표)와 한국세무사회 전국 부회장직을 수행하면서, 여주대학에서 겸임교수로서 학생들을 가르치고 있다.

이렇게 결과만을 두고 보면 무척 평탄한 부부의 역정이라고 볼 수 있다. 그러나 25년 전 누구나 그러하겠지만, 우리 부부 역시 결혼생활은 힘든 나날이었다. 우리 결혼생활은 삯월세부터 시작하였다. 남편의 직장이 서울 신길동에 있었기에 대림동을 시작으로 봉천동, 평택, 홍제동 등 여러 곳을 전전하며 여행 다니듯 이사를 다녔다. 시댁이나 친정집의 도움 없이 남편의 봉급으로 생활하다 보니 살림이 늘지 않는 것은 말할 것도 없다.

그러던 중, 아는 언니가 신사동에서 지하실 방이 딸린 의상실을 하다가 이사를 가게 되었다고 권리금 없이 이를 인수하여 해보지 않겠느냐고 하였다. 다행히 나는 여자 옷을 만드는 양재기술이 있었기에 기회다 싶어 적은 돈으로 이를 인수하여 직원 없이 손님들의 주문을 받아 기도하면서 행복한 마음으로 옷을 만들어 주었다.

그렇게 하다 보니 모든 일에 자신감이 생겼고, 많지 않은 돈이지만 저축할 수 있었다. 이곳에서 약 10년 간 나만의 작업장을 운영하다가 하지 못한 공부에 대한 미련을 떨쳐버릴 수가 없어 그만두고 책을 들고 동네 도서관으로 가서 독서와 영어공부를 시작했다. 이후 남편이 세무사 사무소를 개설하여 어느 정도 안정을 찾게 되자, 나는 옛날에 하지 못했던 공부를 시작하여 2002년 한국방송대학교 유아교육과를 졸업하였다.

우리 부부가 오늘까지 이렇게 사는 동안 큰 딸과 작은 아들 두 남매는 아무런 탈 없이 곱고 건강하게 자라 학업에 열중한 것은 모두가 하나님의 가호였으며, 주위 사람들의 도움이 컸다고 생각된다. 특히, 우리 부부가 오늘까지 행복하게 살 수 있었던 것은 시

어머니(任 妊자 宰자)의 힘이 컸다. 시어머니는 우리가 힘들고 어려울 때도 하나님께 늘 감사하며 기도하도록 가르쳐 주시고 본인도 고령임에도 늘 목욕(현재는 너무 쇠약하셔서 거동을 못 하시지만) 하신 후 교회에 가시는 정성으로 하나님을 섬기신 분이시고 자식에게 정직하고 형제간에 우애 있으라고 일러주시는 일을 잊지 않으셨다. 그래서 우리 부부는 이러한 어머니를 가까이 모시고 있는 것을 항상 하나님께 감사드린다. 참으로, 감사하는 부부의 끈이며 행복의 씨앗이라고 늘 생각한 것도 어쩌면 삶 속에서 하나님과 시어머니에 대한 감사한 마음 때문이 아닌가 하는 생각을 한 적이 한두 번이 아니다.

감사한 마음 다음으로, 우리 부부는 작은 일에 서로를 배려한다. 사람은 누구나 잘못이 있기 마련인데, 이러한 잘못이 있을 때 상대편이 이를 책망하면 그 책망은 대못이 되어 가슴에 박힌다. 그래서 우리는 책망하지 아니하고 격려하며 살아가려고 노력한다. 예를 들면, 내가 운전면허 따고 얼마 안된 상태에서 운전이 미숙하여 후진하다가 도랑에 빠진 적이 있었는데, 남편은 이를 탓하지 않고 그럴 수도 있다며 웃으면서 차 뒤에서 차를 들어 올려 주어 빠져 나온 적이 있다. 이런 마음으로 우리 부부는 결혼생활 26년 동안 부부싸움을 해 본 적이 없으니, 이 한 가지만 보아도 서로를 얼마나 아끼고 배려하는가를 알 수 있다. 그 다음으로, 우리 부부는 독서를 많이 한다. 언제부턴가 우리집은 독서가족이 되었다. 남편은 바쁜 일과 중에라도 수시로 서점엘 들려 자기가 볼 책은 물론이고, 가족들이 볼 책까지도 들고 오곤 한다. 육신의 건강과 함께 정신의 건강을 균형 있게 유지하기 위해서는 독서보다 더 좋은 길이 없기 때문이다. 특히 정보시대를 살아가야 하는 우리들 세대에서 독서는 창의력, 정보력뿐 아니라 흔히 물질만능주의에 휩싸이기 쉬운 자식들의 정서와 판단력에 큰 보탬이 되고 실력 또한 늘릴 수 있기 때문이다. 그래서 우리는 서재 방을 따로 갖고 있다. 서재의 책을 종교, 역사, 문학, 건강, 정신세계 등으로 구분하여 필요시 잘 찾아 볼 수 있도록 하였다. 이 해에도 어김없이 찾아오는 우리 민족의 고유 한가위에 우리 가족의 소박한 소망을 담아 여느 때처럼 이웃에게 책 한 권 선물하는 것을 잊지 않으리라.

또한 우리 부부는 대화를 많이 나눈다. 언젠가 나는 강의시간에 교수님에게서 "가족의 행복은 대화로부터 싹 튼다"는 말을 들었다. 누구나 쉽게 생각할 수 있는 이 말은 그때 나에게 충격으로 다가왔었다. 우리의 대화는 주로 내가 먼저 시작한다. 차를 타고 가면서도 얘기하고, 집 청소를 하면서도 얘기한다. 아이들과 가정에 대하여, 형제를 비롯한 가족들에 대하여, 이웃에서 일어난 일 등을 얘기하면 남편은 많이 들어준다. 남편은 밖에서 많이 바쁘다. 세무사로서 세무상담, 세무사회 부회장으로서 행정상담, 대학교수로서의 강의, 또한 사회의 한 구성원으로서의 만남 등을 가지면서 바쁜 생활을 하지만 이런 일로 짜증 한 번 내는 일이 없다. 모두 기뻐서 하는 일이라고 한다. 나는 남편의 눈빛만 봐도 그가 무엇을 원하는

지 안다. 나는 남편의 마음을 다 읽기 때문에 남편이 같이 가자고 하는 곳은 어디든지 같이 가려고 한다. 왜냐하면 모든 사람에게 기쁜 마음으로 배려하고 또한 상대에게서 배우는 모습을 보는 것이 좋기 때문이다.

그리고, 우리 부부는 서로 건강을 챙겨주는 일이 각별하다.

행복의 1순위는 무엇보다 가족의 건강에 있다고 보기 때문이다. 옛날 지혜의 말씀에 "재물이나 권력 그 밖에 것을 잃으면 부분을 잃지만, 목숨을 잃으면 전부를 잃는다"는 말이 있고, 성경에는 "천하를 얻고도 자기 목숨을 잃으면 아무 소용이 없다"고 하였다. 그래서 나는 남편과 함께 현미밥, 된장국, 야채 등 소위 웰빙 음식을 먹고 빨리 걷기, 등산 등을 같이 하고 집에서 부부 등 가족이 함께 하면서 돈이 안들어가고 건강을 되찾는 뜸을 하여 건강을 유지한다. 그렇다. 가족 가운데 누구 한 사람이 건강을 잃으면 그때부터 온 집안은 몸살이 난다. 몸살이 나는 곳에 행복이 세워지고 지켜질 리는 없는 법이다. 그래서 우리 가족 같은 경우 삶의 목표를 건강 제1순위로 세워 챙긴다.

우리 부부에게 또 하나 빼 놓을 수 없는 건 서로에 대한 성실함이다. 나에게 있어서 남편은 신뢰의 대상이다. 옛날보다 오히려 지금이 더욱 그렇다. 그래서 나는 남편이 말로 표현하지 않더라도 사회에서도 신뢰받고 살아간다고 확신한다. 남편은 나에게만 성실한 것이 아니라 만나는 사람 모두에게도 성실하게 할 것이라고 믿기 때문이다. 남편 또한 나를 믿고 가정에 대소사를 상의한다. 자기의 어머니뿐만 아니라 장모님에게도 정성을 다하며 처가의 다른 사람들에게도 많은 관심을 보인다. 이런 모습에서 나는 느낀다. 가족이 모두가 성실해야 가정에 평화가 온다고…. 즉, 자식들은 자식들로서, 어버이들은 어버이들로서의 자기 책무에 성실하게 정성을 쌓아가야 하는 것이다. 성실한 자기 책무 수행에는 반드시 지혜도 생긴다는 사실도 우리 가족 모두는 체험하고 있다.

끝으로, 우리 부부는 이웃과 함께 나누고자 노력한다.

"울고 있는 사람과 함께 울 수 있어야 행복하다"는 말이 있다. 남편과 내가 어려운 시절을 겪어왔기 때문만은 아니다. 그렇다고 그리스도의 가르침 때문만은 아니다. 이웃과의 나눔, 가능하면 어려운 이웃과의 나눔은 인간의 기본 양식이고 가장 숭고한 가치이기 때문에 그렇다. 이렇게 남편과 내가 하나의 생각을 가지고 나아갈 때 서로 마주보며 행복을 느끼고 서로에게서 고맙고 감사한 마음을 느끼고 낳아주신 두 분들께 감사하고, 태어난 아이들을 사랑하고, 형제와 이웃을 사랑하는 마음으로, 계속 살아가게 될 것 같아 지금도 정말 보람을 느낀다. 그렇다. 사람은 누구나 행복해지고 싶은 마음이 있다. 사람이 살아간다는 것은 어쩌면 그 자체가 행복을 찾아가는 과정이 아닌가 싶다. 그래서 우린 만났고, 결혼하여 현재에 이르렀다고 본다.

옛날 학교 교과서에는 행복을 찾아 강 건너로, 산 너머로, 들판으로 찾아다니다 결국 찾지 못하고 실의에 빠져 집으로 돌아오다가 반갑게 맞이하여 주는 가족을 보고 행복이 가정에 머물러 있다는 사실을 깨달았다는 얘기가 있다. 사실 맞는 것 같다. 아침에 집에서 기분 좋게 나간 사람이 직장에서 댓바람에 화부터 내는 경우는 없을 것이다. 또한 밖에서 힘들고 지쳐 돌아온 사람을 집에서 반갑게 맞이하고 위로해 준다면 내일을 위한 새로운 힘이 돋을 수 있게 된다고 본다. 사실 "생활 속 우리 부부의 행복 비법"이라는 주제로 글을 쓰자니 정말로 비법이 있는 것이 아니고 하여 그냥 살아가고 있는 그 자체를 쓰는 것이 좋을 것 같아 한번 적어 보았다.

아내의 편지처럼 우리는 그냥 행복이 찾아오길 기다리지 않았다. 행복하려 노력하고, 행복한 가족을 만들어갔다. 이제 우리가 만난 지 42년째가 되었다. 큰 아이가 30대 중반이 되었으니 결혼한지도 36년이 지나간다. 세월의 반 이상을 한 사람을 사랑하고, 이해하고, 알아 가는데 사용했다. 후회보다 아쉬움이 남는 것은 더 사랑하고 이해하려고 하지 못한 시간들이다. **나는 아내와 함께 일생을 보내면서 내가 아내이고, 아내가 내가 아닐까 라는 생각을 하게 된다.**

사랑으로 뜻을 이룬다

마음을 가득 담아 아내를 위해 쓴 시가 있다. 나는 이 시처럼 살고 싶다. 그리고 이 시에 담긴 마음으로 우리 여주를 사랑하고 싶다. 훗날 우리 아이들에게도 남겨주고 싶은 도시, 사랑스런 여주로 가꿔가고 싶다. 쑥스럽지만, 나의 마음을 표현한 시는 이렇게 시작한다.

사랑으로 영혼 가꾸기

1

꽃잎에 담은 사랑
꽃송이에 담은 사랑
꽃잎지고 시들어도
가슴 속에 살아 있다

2

봄에는 매화
가을에 국화

달빛 목련에 내리고
속에 잠기는 사랑

진달래 산에 붉고
불이 번지는 사랑

3
쌀 한 바가지에
쌓이는 사랑
배추김치 한 폭에
더하는 사랑

고운 말 한 마디에
맴도는 사랑
따스한 눈길에서
번지는 사랑

4
꽃 같은 사랑
물결 같은 사랑
햇빛 같은 사랑
산에 들에 넘치고
바다위에 넘치고
하늘가득 넘친다

5

사랑은 날개 없이도 하늘을 날고
사랑은 형체 없이도 눈에 어린다
사랑은 불이 없이도 가슴 태우고
사랑은 말이 없이도 뜻을 이룬다

마치 여주도 그렇다. 여주는 내게 아내와 같은 존재다. 세월의 반 이상을 이 땅에서 보냈으며, 이 땅에서 자란 농산물을 먹고 자랐으니 말이다. 여주를 향한 내 꿈은 나 혼자만의 꿈이 아니다. 내가 아내와 살아온 세월, 아이들과 함께 한 세월도 함께 녹아 있다. 그리고 10만 명의 여주 시민들도 나와 같을 것이다. 우리는 우리가 다 함께 행복할 수 있는 여주를 꿈꿀 것이다. 그것은 몽상도 아니고, 백일몽도 아니다. 가장 현실적인 꿈, 가장 행복한 꿈이다. 내가 아내와 함께 꾸는 꿈, 이 꿈은 10만 여주시민들이 다 함께 꾸는 꿈이라 믿기에 나는 오늘도 그 꿈을 이루고자 노력하며 살아가고 있는 것이다.

나의 경쟁력은
사람과 경험

아이들이 어릴 때, 곧잘 만화를 즐겨보곤 했다.

"아빠, 이리와. 같이 보자."

바쁜 아빠지만, 아이들이 좋아하는 것을 함께 보고 싶어서 조금이라도 같이 보려고 노력했다. 아이들과 같은 영화를 보고, 함께 대화를 나누는 것이 중요하다고 생각했기 때문이다. 그렇게 본 만화 중에서 가장 인상 깊게 본 애니메이션 한 편이 있다. 그 중의 한 편이 라이온 킹이다. 주인공 역할은 꼭 아이들에게 빼앗기고, 나는 조연 역할을 하게 되는데 그때 반복해서 하게 된 라이온 킹 옆을 지키는 원숭이(라피키)의 대사가 인상 깊다.

"우리가 선택해야 하는 것은 둘 중에 하나뿐이다. 도망치는 것 혹은 극복하는 것."

아이들이 그 대사를 따라하는 모습이 귀엽기도 하고, 대견하기도 했다. 아이들이 커서 세상을 이끄는 사람이 될 때에는 그 대사를 행동으로 해보는 사람이 되면 좋겠다고 생각했다. 극복하는 사람이 되면 좋겠다는 것이다. 하지만 보통 사람들은 힘든 일이 생기면 도망친다. 도망치기부터 한다.

세무사라는 직업은 다양한 사람들을 만나는 직업이다. 아니 더 정확하게 표현하면 힘든 일을 겪는 사람들을 많이 만나는 직업이다. 그래서 힘든 일에 대처하는 방법도 많이 접하게 된다. 도망치는 방법 중에 가장 나를 힘들게 했던 방법이 있다. 주저앉아 버리는 것이다. 분명 자신의 위급상황인 것이 확실하지만 움직이지 않고 멈춰버리는 것. 그리고 포기해버리는 자세다.

언제나 느끼는 것이지만, 함께 연대하고 협력을 해야 일을 해결할 수 있다. 어느 날 어떤 사람이 세무사를 찾아와 '알아서 해주세요.' 하고 주저앉는다면 어떨까? 정보제공도 하지 않고 울기만 하는 것을 상상해보면 내 마음을 잘 알 것이다.

나는 지금 여주를 바라보면서, 마냥 포기해버린 사람처럼 우리 여주가 그냥 주저앉아 있지는 않은가 염려하게 된다. 시군 평가가 꼴찌였던 것을 덮고, 아무 일 없는 것처럼 지나간다고 하여 일이 해결되는 것이 아니다. 이 때 필요한 대사를 나는 잘 알고 있다. 숨거나, 아닌 척 하거나 도망치는 것이 방법이 아니다. 방법은 단 하나! 극복하는 것이다. 그래서 행복이란 말만큼 내가 좋아하는 말은 '극복'이다. 그리고 극복은 언제나 실제로 도전하고 경험할 때만 이루어진다.

행복은 극복이다

책에서 제법 길게 내 이야기를 쓰는 이유도 바로 '극복'을 이야기하고 싶어서이다. 내 인생을 보라. 단 한 번도 쉽게 무엇인가를 이룬 적이 없었다. 태어날 때부터 지금까지, 내 인생은 온통 상처투성이였던 것처럼 보인다. 하지만 중요한 건 그 상처들이 모두 잘 아물었다는 사실이다.

원경희는 극복하면서 완성되는 사람이다. 당연히 극복하기까지 숱한 실패와 좌절, 어려움과 문제들을 헤치고 뚫어야만 했다. 순탄하게 살아온 사람은 없는 그런 상처들이 내 인생 곳곳에 묻어 있다. 내가 잘 살았다고 자랑하고 싶지는 않다. 그냥 결과물만 놓고 보면 나도 평범한 수많은 사람들 중 한 명일뿐이다.

하지만 과정을 들여다보면, 누군가는 참 쉽게 도달할 수 있었던 길을, 원경희는 돌고 돌아 어렵게 어렵게 도착했다. 중요한 건 '그럼에도 불구하고' 도착했다는 것이다. 내가 말하고 싶은 것이 바로 이것이다. 원경희는 극복하는 사람이라는 것이다.

극복하는 여정 가운데 수많은 사람들을 만났다. 그 분들 중 단 한 사람이라도 없었다면, 지금의 나는 없었다. 그 중에는 내게 시련을 준 사람도 있고, 피해를 끼친 사람도 있다. 그러나 그런 사람일지라도, 내게는 빠뜨릴 수 없는 중요한 재산이다. 그 분들이 있었기 때문에 내가 '극복'할 수 있었기 때문이다. 그래서 나는 내 극복의 경험이 자랑스럽다. 남들이 보기에는 별 것 아닐 수 있지만, 그 안에는 무엇과도 바꿀 수 없는 극복의 경험들이 녹아 있기에.

세 가지 즐거움

나는 여행을 가면, 꼭 그 지역의 특산물을 찾아서 먹어본다. 맛이 어떻게 다른지, 어떤 특색이 있는지, 그리고 어떻게 잘 팔리는지까지 꼼꼼하게 살펴본다. 사실 경제 마인드란 거창한 게 아니다. 오히려 작은 일상에서 큰 기회를 포착할 때가 더 많다. 이런 경험은 우리 여주에 대한 아이디어를 얻게 되는 특별한 경험이기도

원경희란 누구인가? 누가 묻는다면, 나는
가족 + 착한 세무전문가 + 퇴직금 251명
이라고 말하고 싶다. 무슨 말이냐면, 내가
만난 사람들과 나의 경험 그 자체가 지금의
나를 만든 원동력이라는 뜻이다. 내게는
자랑할 만한 화려한 배경도, 그럴듯한
스펙도 없다. 언제나 몸뚱아리 하나로
늘 정면으로 부딪히며 살아왔을 뿐이다.
하지만 그렇게 살아왔기에 나는 늘 치열하게
살았다고 자신 있게 말할 수 있다.
힘든 일도, 어려운 일도 많았지만 단
한순간도 후회하지는 않는다. 나의 경쟁력은
사람과 경험이다. 나는 이런 나의 경쟁력을
나 자신을 위해서 쓰고 싶지 않다. 오늘날
나를 있게 해준 사람들에게 다시 돌려줘야
한다고 생각한다.

하다.

한 번은 대전에 갔다. 대전에 가면 튀김 소보루빵이 있다. 대전의 명물이다. 세 가지의 맛을 한 번에 먹을 수 있어서 사람들이 즐겨 찾는 것 같다. 대전역에서 30분씩 줄을 서서 먹기도 하는 이 빵의 특징은 다음과 같다.

소보루 + 단팥빵 + 도너츠 = 튀김 소보루 빵

고소한 도너츠의 맛과 바삭한 소보루, 그 속에는 달콤한 단팥빵이 부드럽게 씹혀 맛이 일품이다. 우리 여주에도 맛나는 음식이 얼마나 많은가. 특색을 살려낸 브랜드로 "아아 그것" 하면 여주를 떠올리도록 하면 좋겠다. 특허까지 내서 대전 성심당처럼 다른 지역은 만들 수도 없는 특색 있는 특산물로 만드는 것이다.

상품에도 브랜드가 있고, 특색이 있지만 원경희라는 한 사람에도 고유한 특색이 있는 것 같다. 그 특징을 튀김 소보루에 빗대어 말해보면 다음과 같다.

가족 + 착한 삭개오 + 퇴직금 251명 = 원경희.

세무사에 대한 편견을 제거하고 착한 세무사가 가능하다는 것을 삶으로 보여주는 것, 그리고 좋아하는 일을 함께 하면서 만났던

251명, 그리고 이 책을 읽는 여러분들. 그 무엇보다 발로 뛰면서 배우고 느끼고 경험한, 이 모든 극복의 이야기들이 오늘날의 원경희를 만들어 온 원동력이다. 그리고 나는 앞으로도 계속 극복할 것이다. 원경희는 극복하는 사람이므로.

4

여주를 말하고
세종이라 답하라

명품 여주
마스터플랜

우리 여주에는 여주만의 훌륭한 컨텐츠가 있고 무한한 가능성이
있다. 여주만이 가지고 있는 컨텐츠들을 어떻게 활용하고
발전시키는가에 따라 여주의 미래는 달라진다. 그렇다면 누가 여주를
경영할 것인가? 경영자가 누군가에 따라서 주식회사 명품여주는 망할
수도 있고 흥할 수도 있다.

- 본문 중에서

우리 여주에는 여주만의 훌륭한 컨텐츠가 있고 무한한 가능성이
있다. 여주만이 가지고 있는 컨텐츠들을 어떻게 활용하고
발전시키는가에 따라 여주의 미래는 달라진다. 그렇다면 누가 여주를
경영할 것인가? 경영자가 누군가에 따라서 주식회사 명품여주는 망할
수도 있고 흥할 수도 있다.

컨텐츠 행정 실천전략
여주를 말하다

창조라는 것은 여러 가지 요소를
하나로 연결하는 겁니다.
– 스티브 잡스

1부에서 나는 '컨텐츠 행정'에 대해 잠깐 이야기하였다. 다시 말하지만, 컨텐츠 행정이란 속이 **꽉 찬 실속행정**이다. 그렇다면 이제 우리 여주에서 어떻게 하면 컨텐츠 행정을 실천할 수 있을까? 나는 이 문제를 이야기해 보고자한다.

옛말에 구슬이 서 말이라도 꿰어야 보배라고 했다. 컨텐츠 행정은 결국 구슬을 알아보는 안목(관점)과 보배롭게 꿸 줄 아는 실천력을 필요로 한다. 여주의 인구문제를 예로 들어보자.

2012년 말, 현재 우리 여주시의 인구는 4만 5,104세대, 10만

9,550명이다.[7] 그러나 2013년 말에는 오히려 10만 9,343명으로 오히려 207명의 인구가 줄었다. 여주시의 생산가능 연령 대비 1백 명당 부양비는 44%로, 전국 평균 36.4%보다 높다. 자, 똑같은 통계라도 바라보는 관점에 따라 전혀 다른 정책이 나온다. 그 관점이 바로 정치가의 관점이냐, CEO의 관점이냐 하는 문제다.

흔히들 고령화 문제가 심각하고 이로 인한 부양문제, 구인난을 어떻게 해결할 것 인지 고민한다. 하지만 내놓은 정책은 모두 천편일률적이다. 이를테면 노인들에게 복지예산을 지급하고, 청년층을 더 많이 유치하겠다는 식이다. 고령화 문제는 비단 여주만의 문제가 아니라 국가적 차원의 문제다. 전국 227개 기초 지방자치단체가 모두 이런 식이라면 과연 이 해결책이 정말로 유효한 대안이 될 수 있을까?

정치가들의 문제가 바로 여기에 있다. 좋은 말은 다 쏟아 붓는다. 실현가능한지 아닌지, 임기가 끝난 이후에 어떻게 흘러갈지 등의 책임 있는 자세가 부족하다. 현실에서 정치가는 우선은 선거에 당선되는 것, 더 큰 정치적 입지를 이루기 위해 당장 무엇이 내게 유리한가가 더 중요하기 때문이다. 그래서 정치가에게 행정을 맡길 수는 없다. 살림은 살림꾼에게 맡겨야 하지 않겠는가?

---

7 경기도 통계자료. 그러나 최근 2013년 10월말 기준으로 주민등록상 4만5,339세대, 10만9,435명으로 2012년보다 오히려 감소한 것으로 나타났다.

창조적인 관점 + 실천력 = 컨텐츠 행정

컨텐츠 행정은 바로 이런 관점에서부터 출발한다. 그것은 반드시 실현가능한 것이어야 하기 때문이다. 나라면 여주의 인구문제에 이렇게 대응할 것이다.

　우선 상대적으로 높은 고령층 인구비율을 하나의 문제가 아니라 자산이라는 관점에서 바라보는 것이다. 여주에는 상대적으로 65세 이상 어르신들이 많다. 그렇다면 어떻게 하면 어르신들도 좋고 여주 전체적으로도 좋게 만들 수 있을까? 하는 관점이다. 뒤에서 좀 더 다루겠지만, 효소를 이용한 친환경 바이오산업 육성도 그 대안의 하나가 될 수 있다. 아무래도 효소를 다루는 일은 젊은 사람들보다 어르신들이 더 잘 해낼 수 있기 때문이다. 그렇게 되면 억지로 복지예산을 들여가면서 고령층을 지원하는 단순한 해결책이 아니라, 새로운 일자리와 산업을 창출하면서 고령층을 지원하게 되는 2중, 3중의 효과를 볼 수 있다. 이 때 중요한 것은 행정의 유연성이다.

　우리나라 행정은 '규제 공화국'이라는 말이 있을 정도로 절차가 복잡하고 까다롭다. 그러다 보니 아무래도 행정의 속도가 급변하는 환경과 이런 혁신적인 관점의 속도에 잘 따라가지 못한다. 행정의 발전은 단순한 민원 서비스 개선으로 될 일이 아니다. 민원인

이 시청에 찾아와서 민원을 넣고, 거기에 잘 대응한다고만 해서 행정의 질이 높아지지 않는다는 뜻이다. 결국 공무원들이 먼저 현장으로 찾아가도록 시스템을 바꿔야 한다. 여주의 공무원이라면, 여주를 훤히 다 꿰뚫고 있어야 함은 기본이다. 여주의 구석구석 직접 발길 닿지 않은 곳이 없도록 해야 한다. 그리고 행정의 책임자인 시장이 앞장서야 한다. 그것이 CEO다운 모습이 아니겠는가. 어디를 방문하면 사진 찍기 바쁘고, 축사하고 연설하는데 시간 다 보낸다면 그것이 어떻게 현장을 파고드는 CEO 리더십이라 할 수 있겠는가. 결국 시장이 제대로 행동하는 모습을 보인다면, 나머지 공무원들도 그렇게 갈 수 밖에 없다. 그래서 지방행정에서의 리더십은 중앙행정의 그것보다 더욱 중요하다.

통조림을 하나 샀다고 치자. 그러면 우리는 통조림에 들어있는 내용물을 먹으려고 산 것이지 양철 깡통이 필요해서 산 것은 아니다. 이와 같이 시민들이 행정을 평가하고 신뢰하는 기준은 전적으로 행정의 질적 만족에 달려 있다. 겉보기만 좋다고 해서 좋은 행정이라고 말해 주지 않는다는 뜻이다. 컨텐츠 행정이라 하면 껍질이 아닌 실속행정의 추구다. 대기업이 아니라 작은 기업이라도 여주의 발전에 필요하다면 최선을 다해서 유치해야 한다. 또 관광객들을 불러 모으는 획기적 관광역량의 계발, 예산 뿌리기가 아니라, 예산과 일자리를 함께 창출하는 관 주도의 수익사업에 나서야 한다. 이를 위해 시장은 목숨을 걸고 10만원이라도 더 따오도록 예산확보에 힘을 쏟아야 한다. **실현가능성에 무게를 둔 실용적 대안**, 이것이 바로 컨텐츠 행정이다.

여주를 말하다 : 여주의 장점을 극대화하라

그렇다면, 여주가 이미 가지고 있는 여주의 컨텐츠는 무엇일까? 여주의 발전은 여주가 이미 가지고 있는 것부터 출발하는 것이 옳다. 이것이 CEO 마인드다. CEO는 언제나 투자 대비 효율성을 생각하고, 수익을 생각한다. 아무리 좋은 계획이라도 비용부담이 너무 크다면, 그것을 좋은 계획이라고 말할 CEO는 세상에 아무도 없다. 어쨌든 우리 여주의 컨텐츠를 말하자면 여러 가지를 꼽을 수 있겠으나, 나는 다음의 3가지로 크게 나눌 수 있다고 생각한다.

1) 여주의 역사, 문화, 전통

조선시대에는 우리 여주가 경제의 중심지였다. 그래서 여주목이 관아로 자리 잡고 있었고, 경기도에서 가장 활발한 경제활동이 이루어졌던 곳이 여주다. 또한 명성황후를 비롯하여 조선시대 국모를 여덟 분이나 배출했던 역사적으로 유서 깊은 곳이 우리 여주다. 특히, 세계적인 성군 세종대왕의 유택을 모시고 있는 그야말로 오랜 역사와 문화를 대변하는 지역이다.

2) 여주의 지리적 입지 조건

예부터 여주는 남한강을 끼고 있는 물류의 중심지였다. 뿐만 아니라, 구릉과 저지가 많아서 평균 고도 200m에 불과한 여주평야를 형성하고 있어서 우량미의 산지로도 유명하다. 또한 채소와 과수 재배도 성하고 대마나 왕골 등 특용작물도 생산되는 곳이다. 최근에는 땅콩 주산단지도 생겼지만, 모두가 잘 아는 것처럼 질 좋은 고령토와 규석이 있고, 도자기를 굽기에 좋은 기후조건을 가지고 있는 도자기의 명산지이다. 이러한 지리적 여건은 단순히 1차 산업 뿐만 아니라 관광산업에도 잘 활용할 수 있는 천혜의 조건이다.

3) 친환경 산업

농업이 주요한 산업이던 시절에는 위의 지리적인 여건만으로도 여주가 경제의 중심지가 될 수 있었다. 그러나 산업화가 이루어지면서 경제 중심지를 다른 도시에 내어주어야 했던 것이 사실이다. 하지만 그렇다고 꼭 여주도 공업화를 할 필요는 없다. 오히려 공해를 야기하고 주거훼손을 일으키는 공업화 전략은 여주에는 어울리지 않는 옷이다. 대신 친환경 산업이 있다. 위에서도 언급했듯 효소를 이용한 효소산업 육성, 웰빙 시대에 걸맞는 친환경 산업 육성이 해답이 될 수 있다.

자, 이 세 가지 컨텐츠를 어떻게 극대화할 것인가? 이제부터 원경희가 생각하는 **명품여주 마스터플랜**을 소개해보겠다.

여주 문화 전략
땅과 역사에서 답을 찾다

꽃을 주는 것은 자연이지만
꽃을 따서 화환으로 만드는 건 바로 예술이다.
– 괴테

우선 여주의 땅과 역사가 바로 여주의 컨텐츠다. 하지만 단순히 있다고만 해서 바로 가져다 활용할 수는 없다. 고민은 여기서 출발해야 한다.

"어떻게 하면 우리 여주의 땅과 역사를 돈(유익함)이 되게 할 수 있을까?"

열쇠는 바로 문화다.

1 한글날 행사에서.

2 여주시민 힐링 걷기·자전거대회 행사.

살고 싶은 도시 여주는 문화와 관광을 두 축으로
세워야 한다. 세계에서 가장 살고 싶은 7대 도시는
모두 문화적 컨텐츠가 풍부하고 세계에서 손꼽히는
관광지로 이름난 도시들이다. 그 중에는 대도시도
없고, 산업도시도 없다. 우리 여주도 굴뚝없는 공장,
즉 문화와 관광을 바탕으로 도시의 성장전략을
세워야 한다. 여주가 가진 최대의 장점이자, 최고의
컨텐츠는 바로 문화와 관광이다.

문화도시 여주

우리 여주가 가진 역사와 전통을 잘 이해할 뿐만 아니라, 거기에 기반한 새로운 문화를 만들 수 있어야 한다. 그래야 그 문화를 통해 여주의 땅과 역사를 활용할 수 있기 때문이다.

모두들 잘 아는 것처럼, 여주에는 세종대왕을 모신 영릉이 있다. 하지만 사람들은 '그래서?' 라고 반문한다. 영릉이 있을 뿐, 그 이상의 어떤 내용은 와 닿지 않기 때문이다. 나는 우리 여주가 대한민국에서 한글과 관련한 문화운동에 앞장 설수 있는 가장 최적의 조건을 갖추고 있다고 본다.

세종대왕의 가장 위대한 유산, 그것은 한글이 아니겠는가. 그렇다면 세종대왕의 유택을 모시고 있는 여주야 말로 한글 운동에 앞장서야 하지 않겠는가. 영릉이 하나의 역사유산이라면, 한글 운동은 영릉을 기반으로 하는 문화가 될 것이다. 서울의 인사동처럼 여주에서는 한글 간판을 장려하여야 하고, 외국인을 위한 한글학교 등을 설립하는 것이 바람직 하다. 한글과 관련한 문화전략은 생각하면 할수록 풍부하다.

또한 '세종 리더십 아카데미'를 설립하는 것이다. 리더십은 누구나 이야기할 수 있지만, 세종의 리더십은 영릉이 있는 여주에서 이야기할 때 더 빛날 수 있다. 그리고 시에서 이와 관련한 문화, 교육 사업을 유치하는 것이다. 가령 리더십 전문가들을 초빙해서 기업이나 학교를 대상으로 하는 '세종 리더십 아카데미'를 열고 수강료를 받는 것이다. 뿐만 아니라 졸업생들을 리더십 강사, 리더십 컨설턴트로 키워준다면, 여주의 '세종 리더십'은 하나의 문화적 트렌드가 될 것이다.

명성황후는 어떤가. 여주는 명성황후 뿐만 아니라, 조선의 여덟 국모를 배출한 국모의 땅이기도 하다. 대한민국 어디에 또 이런 도시가 있단 말인가? 뮤지컬 〈명성황후〉는 이미 세계적으로도 명성을 얻은 걸작인데, 그렇다면 우리 여주에서도 하지 못할 이유가 없다. 아니, 기존에 있는 작품도 좋지만, '조선의 국모'를 주제로 하는 새로운 공연 작품을 만들어 볼 필요가 있을 것이다. 나라를 사랑하는 어머니와 같은 존재, 이것은 어떤 산업이나 광고로 만들 수 있는 것이 아니다. 이런 이미지는 결국 문화에서 나오는 것이기 때문이다.

또 있다. 여주의 자랑, 도자기 축제다. 이미 도자기와 관련해서는 지역 축제가 오랫동안 잘 자리잡고 있기는 하지만, 나는 우리 여주가 일 년 내내 도자기 도시로써 융성할 수 있다고 생각한다. 이를 위해서 영세한 도자기 제작업체를 지원, 육성하고, 실력 있는 도예가들을 여주에서 많이 배출하고 전국에서 모여들도록 하여야 할 것이다.

명성황후생가

1. 명성황후 생가
2. 도자세상 건물 사진

여주에 명성황후의 생가가 있다는 사실은 잘 알려져 있지 않다. 뿐만 아니라 우리 여주는 조선조 아홉 분의 왕후를 배출한 고장이기도 하다. 명성황후는 단순히 한 개인으로서가 아니라, 구한말 일제가 우리나라를 침탈하는 역사적 사건을 돌아볼 수 있는 역사적인 이정표이기도 하다. 이러한 역사적 사실을 바탕으로, 우리나라 근대사를 돌아보며, 명성황후를 소재로 하는 문화 전략을 생각해볼 수도 있지 않았을까? 또한 여주의 자랑인 도자기는 단순히 도자기만을 홍보하는 수단이 아니라, 도자기의 역사라던지, 도공들의 숨겨진 이야기, 도공의 장인정신 등을 만날 수 있는 문화적인 접촉점이 될 것이다. 여주에는 이렇게 풍부한 역사적, 문화적 바탕이 많이 있다.

이렇게 이미 우리 여주가 가지고 있는 것을 극대화하는 전략이 필요하다. 그리고 그것은 문화의 힘으로 가능하다. 국민소득 3만 불 시대를 앞두고 있는 이 시점에서, 문화산업은 말 그대로 우리 여주를 먹여살리는 '굴뚝 없는 공장'이 되는 것이다.

곳곳에 굴뚝 없는 공장을 세우자

나는 우리 여주야말로 문화의 도시, 예술의 도시가 되기에 참 좋은 조건을 갖추고 있다고 생각한다. 뒤이어 소개할 '여주 아트피아' (가칭)도 그런 취지에 부합하는 여주의 킬러 컨텐츠이다.

중국 항주에 가면 장예모 감독이 연출한 인상서호(印象西湖) 공연이 있다. 호수 위에 마련된 무대에서 현란한 조명과 함께 물 위에서 펼쳐지는 배우들의 몽환적인 공연으로 '항주에 가서 서호를 보지 않으면 항주에 갔다 왔다고 할 수 없고, 서호에 가서 '인상서호'를 보지 않으면 서호를 봤다고 할 수 없다.'라는 말이 있을 정도다. 중국에서는 인상서호와 더불어 계림의 인상유삼저, 여강의 인상여강을 이른바 중국의 3대 수상공연으로 부른다. 나는 여주에도 이런 명품 문화공연을 만들고 싶다. 이것은 전혀 뜬금없는 이야기가 아니다. 우리에게는 남한강이 있고 3개의 여주보, 이포보, 강천보가 있지 않은가.

우리에게 이미 있는 것으로 여주의 곳곳에 '굴뚝 없는 공장'을 세우자. 이러한 문화전략이 성공적으로 이루어진다면, 나중에는 가만히 있어도 전국의 예술가들이 여주로 찾아올 것이다.

살고 싶은 도시, 여주

월스트리트저널의 자매지이자 월가를 움직이는 투자전문지인 〈배런스(Barron's)〉가 세상에서 가장 살기 좋은 곳'으로 선정한 7개의 도시가 있다. 순위대로 말해보면, 1위가 미국의 주피터(Jupiter)시, 2위가 솔트레이크 시티(Salt Lake City), 3위 캐나다 밴쿠버(Vancouver), 4위 모나코의 몬테카를로(Monte-Carlo), 5위 프랑스의 엑상프로방스(Aix-en-Provence), 6위는 스페인의 마요르카 섬(Mallorca Island), 그리고 7위에는 아시아에서는 유일하게 일본의 후쿠오카(福岡)가 포함되었다.

이 도시들에게는 공통점이 있다.

① 다른 도시 혹은 다른 국가로의 이동이 편리하다.
② 범죄율과 물가가 비교적 낮다.

③ 쾌적한 날씨와 다양한 레저/문화 시설을 갖추고 있다

이것은 무엇을 의미할까? 바로 **삶의 질(Quality of Life)이 타 도시에 비해 월등히 높다는 점**이다. 이 도시들 중에 우리가 알만한 대도시는 없다. 모두들 인구가 적고, 자연환경이 뛰어난 도시들이다. 그러나 세계에서 가장 살고 싶은 도시들이다.

우리 여주를 보자. 우리 여주는 예로부터 교통의 요지로 동쪽은 강원도 원주, 서쪽은 이천시, 광주시(廣州), 남쪽으로는 충북 음성군과 충주시, 북쪽은 양평군과 각각 맞대고 있다. 범죄율과 물가가 낮고, 기후 조건도 좋다. 그렇다면 이제 필요한 것은 다양한 레저/문화 시설인데, 앞서 말했듯이 우리 여주에는 이것을 실현할 수 있는 기본 바탕도 충분하다. '살고 싶은 도시, 여주.' 이것은 절대로 불가능한 꿈이 아니다. 그리고 그 꿈을 이뤄줄 3가지 킬러 컨텐츠가 있다. 바로 볼거리, 놀거리, 먹거리다.

3가지 킬러 컨텐츠
볼거리, 놀거리,
먹거리

여행하지 않는 사람들에게 세상이란
한 페이지만 읽은 책과도 같다.
– 성 아우구스티누스

살고 싶은 도시, 여주. 나는 그 도화선은 바로 관광산업을 키우는 데서부터 시작한다고 믿는다. 구체적으로 여주만이 가진 관광자원을, 다시 볼거리, 놀거리, 먹거리의 구체적인 3가지 테마로 나눠서 생각해보면, 해답이 보일 것 같다.

남한강에서 예술을 보다 – 여주 아트피아

먼저, 앞서 소개한 중국의 3대 인상공연과 같은, 여주의 수려한 자연경관과 문화유산을 활용하는 방법이다. 남한강을 배경으로, 대

중국의 3대 인상 공연은 강을
활용한 세계적인 공연 컨텐츠라
할 수 있다. 단순히 강을 개발하는
것으로 그치지 않고 강을
'활용'하는 전략이다. 자연을
보존하면서도 자연을 개발하는
것보다 더 다양한 효과를 볼 수
있다. 공연 자체가 그 지역을
대표하는 하나의 상징적인
문화상품이 되고, 그로 인한
고용창출 효과도 크다. 또한
다른 것보다 유지관리하기도
쉬우면서, 적은 비용으로도 큰
홍보효과를 낼 수 있다. 문제는
발상과 창조성이다. 여주를 상징할
수 있는 창조적인 공연 컨텐츠를
제대로 담아내야 하는 것이다.

한민국 최고의 수상(水上) 공연시설인 여주 아트피아(가칭)를 유치한다면 연인원 5백만명이 다녀가는 최고의 볼거리가 될 것이다. 이미 2011년에 제주도를 찾은 관광객의 숫자는 연인원 2천만명을 돌파했다. 또한 앞으로 전국적으로도 관광산업은 한국의 미래를 이끌 미래 산업으로 주목받고 있기도 하다. 이러한 시대적 흐름에 발맞춰, 여주에도 '아트피아' 같은 특색 있는 공연시설이 생겨난다면, 서울과 가까운 수도권에 자리한 핵심적인 관광 상품으로 큰 인기를 누릴 것이 분명하다. 게다가 '아트피아'의 강점은 단순한 관광수입에만 있지 않다. 중국의 인상서호 공연을 예로 들어보면, 우선 공연하는 호수의 면적이 10만평인데, 공연팀은 서호 전체의 약 10% 정도를 무대로 활용한다. 호수면에서 약 10cm 정도로 맞춘 무대는 그야말로 장관이다. 우리나라에도 여태껏 강변을 개발하는 여러 가지 시도가 있었지만, 하나같이 유흥업 위주이거나 지속적인 수입창출이 힘든 1회성 이벤트에 가까웠다. 그러나 수상 공연시설은 주변 경관을 파괴하는 것이 아닌, 활용하는 방식의 개발이다. 그리고 정기적인 공연은 지속적인 수입창출을 가져다 줄 뿐만 아니라, 공연 외의 시간에는 다른 공연이나 행사를 유치하는 데 사용할 수도 있다. 또 하나 주목할 것은 고용창출 효과다. 인상서호의 출연진들은 대략 400여명 정도인데, 지역 주민들이 낮에는 생업에 종사하다 밤에 공연한다. 공연장의 객석 수는 1,360석인데, 하루 1회 공연으로 한 번에 1,000 여명의 관람객들이 찾는다.

아트피아의 장점은 또 있다. 그것은 지역의 컨텐츠를 하나의 문화 작품으로써 계속 계발할 수 있다는 점이다. 인상서호의 경우, 공연의 스토리는 서호의 전설인 '백사전'에서 따온 것이다. 슬픈 사랑 이야기라고 하는데, 남녀노소 모두가 즐기기에도 적합하다고 한다. 중국의 대표적인 거장, 장예모 감독이 연출을 맡겠다고 나선 것도 이런 여러 가지 요소들이 잘 조화되었기 때문일 것이다. 그렇다면 정말 여주에서도 잘 할 수 있지 않겠는가?

여주의 4계절을 즐기다 – 익스트림 스포츠

여주 아트피아와 더불어 관광객을 유치할 또 하나의 테마가 필요하다. 바로 놀거리다. 아무리 아트피아와 같은 볼거리가 생긴다고 해서 그것 하나만 가지고 관광객을 유치할 수는 없다. 오히려 아트피아와 더불어 시너지 효과를 낼 또 다른 테마가 필요하다. 그것이 바로 남한강 수변지역을 활용한 **4계절 종합 익스트림 스포츠 시설**이다.

익스트림 스포츠란, 말 그대로 위험요소를 동반한 극한 스포츠를 말하는데, 이른바 '3세대 스포츠'라 하여 특히 젊은이들에게 각광받는 레저 스포츠 활동이다. 예를 들면, 짐카나챌린저, 자동차경주, 스케이트보드나 인라인스케이팅, 산악 자전거, 암벽등반, 스카

익스트림 스포츠는 대표적인 여가산업의
상징이다. 도시에서 즐기는 것도 있지만,
산과 강 등 자연이 뒷받침되지 않으면 안되는
것들도 많다. 여주를 사계절 내내 익스트림
스포츠를 즐길 수 있는 익스트림 스포츠의
메카로 만들면 어떨까. 단순히 피서나 휴가를
보내는 것이 아니라, 주말이나 휴일을
이용해 다양하게 즐길 수 있도록 만든다면
자연스럽게 여주를 찾는 사람들이 늘어날
것이다. 365일 젊은이와 가족들이 여가를
즐기는 익스트림 스포츠 센터를 만들자.

이 서핑, 도로 썰매타기 등의 여름 게임이 있고, 스노 보드, 스키보딩, 스노 크로스, 자유스키, 빙벽 등반, 동력 눈썰매경주 등의 겨울 게임이 있다. 특히 그 중에서도 수상자원을 활용한 것들로는 윈드서핑, 래프팅, 번지점프, 웨이크보드 같은 것들이 유명하다.

여주 아트피아가 여주를 더 널리 알리고, 여주의 컨텐츠를 소개하는 데 앞장선다면, 분명 더 많은 관광객들이 여주를 찾을 것은 당연한 이치다. 그러나 여주 아트피아만 보러 오는 것만으로는 부족한 면이 있다. 여주 아트피아가 가족 단위의 저녁 볼거리라면, 낮에는 젊은이들이 중심이 되어 놀거리가 짝을 이뤄야 한다.

익스트림 스포츠는 이미 1998년 나가노 동계올림픽에서 스노보드가 정식 종목으로 채택될 만큼 보편화되었고, 2002년 솔트레이크 동계올림픽에서는 스노보드 뿐만 아니라 모글과 에어리얼 같은 종목도 큰 인기를 끌었다. 우리나라에서도 이제 스노보드 정도는 보편화되었을 뿐만 아니라, 여름에 즐기는 각종 익스트림 스포츠도 더욱 성행하고 있다.

우리 여주를 대한민국 익스트림 스포츠의 명소로 만들어보면 어떨까? 남한강은 과거의 유산이 아니라 미래의 희망이다. 남한강이 과거 농업에 기반한 젖줄이 되어주었다면, 앞으로는 이러한 관광산업을 일으킬 희망의 젖줄이 되어 줄 것이다.

당장 여주에서 실현가능한 레저로 '경량 비행기'와 같은 항공레저산업도 있다. 아직 생소하지만, 항공레저산업은 앞으로 발전 가능성이 큰 유망분야다. 하지만 우선 인프라 구축이 먼저다. 항공선진국인 일본은 땅값이 한국보다 비싼 나라임에도, 도쿄 도심에서 50km 이내에 800m 길이의 경비행장을 5개나 보유하고 있다고 한다. 그런데 최근 국토교통부에서도 항공레저 인프라구축에 발 벗고 나섰다. 국내 항공레저 산업 발전과 경비행기 제조업 육성을 목적으로 항공레포츠 이착륙장을 건설하기로 하고, 장소를 선정한 것이다. 우리 여주의 강천섬도 후보지 아홉 곳 중 한 곳이었는데, 아쉽게도 화웅간척지로 결정이 된 모양이다. 하지만 앞으로 기회는 얼마든지 있다. 여주에 4계절 종합 익스트림 스포츠센터가 세워지고, 관광도시로서 위상을 갖춘다면, 얼마든지 다시 도전해 볼 수 있을 것이다. 그러려면 이 모든 계획을 차근차근 준비해야 한다. 영세한 사설업자의 익스트림 스포츠 시설이 아닌, 관이 주도하는 사업으로써 제대로 된 4계절 종합 익스트림 스포츠센터를 만들어보자. 국제 대회 유치는 물론 2천만 수도권 여가인구를 흡수할 수 있는 훌륭한 놀거리가 우리 여주에 생길 것이다.

여주의 활력을 먹다 – 웰빙 먹거리 타운

사람들이 많이 모이는 곳에는 어딜 가나 풍성한 음식이 있기 마련이다. 금강산도 식후경이라 했다. 여주 아트피아와 익스트림 스포츠센터가 생기면 이제 손님들을 대접할 먹거리를 마련해야 한다. 그런데 사람들은 흔히들, 맛집이라고 하면 그 고장의 명물 음식 한 가지만 기억한다. 병천의 순대, 춘천의 막국수, 전주의 비빔밥처럼 말이다.

"여주는 무슨 음식이 유명하죠?"

누군가 세무사 사무실을 찾아온 손님이 물었을 때, 나 역시 선뜻 대답하기가 어려웠다. 여주에 맛집이 없는 것이 아닌데도, 사람들이 다 알만한 음식을 소개해야 한다는 선입견이 작용했던 것 같다. 여주의 컨텐츠를 생각하며, 가장 고심했던 부분이 바로 먹거리였다. 여주도자기축제에서 가장 많은 불편접수도 대부분 먹거리와 관련된 부분이라고 한다.

여주의 가장 대표적인 음식은 뭘까? 나 역시 처음에는 내내 이 틀에서 벗어나지 못했다. 그러다가 여주의 익스트림 스포츠센터를 구상하던 중, 국제 대회를 유치할 수 있겠다고 생각하자, 한 가지 좋은 아이디어가 떠올랐다. 바로 웰빙 먹거리타운이었다.

여주의 웰빙 먹거리타운은 꼭 여주의 음식 하나만을 소개하는 곳이 아니다. 오히려 여주를 찾아주시는 모든 관광객, 남녀노소는 물론이고 내국인과 외국인까지도 모두가 맛있게 먹을 수 있는 전

세계의 음식을 총망라하는 메뉴를 갖춘 곳이다. 단, 조건이 있다. 메뉴는 전 세계의 모든 메뉴가 가능하더라도, 재료는 여주에서 난 것이어야 한다. 어떤가? 일리 있지 않은가?

풍부한 친환경 여주 농산물이 바탕이 된 웰빙먹거리타운. 이것을 여주의 각 면이 주체가 되어 운영하는 것이다. 일종의 전 세계 거리 음식촌이지만 여주 시민이 직접 운영하는 방식으로 상설화할 수 있다. 시에서는 관리와 감독만 맡고, 시민들이 직접 참여하고 운영하도록 한다면 이 또한 여주시 경제의 큰 자산이 될 것이다.

컨텐츠 행정의 근간은 결국 돈이 돌게 하는 것이다. 찾아오는 여주, 일자리가 넘치고, 돈이 풀리는 여주는 결국 여주만이 가지고 있는 볼거리, 놀거리, 먹거리를 얼마나 잘 활용하느냐에 따라 이루어진다. 나는 이 세 가지를 '여주를 살릴 킬러컨텐츠'라고 부른다. 그리고 이 세 가지 킬러컨텐츠의 목표는 하나, 누구나 살고 싶은 여주다. 이 한 가지의 목표를 위해서 킬러컨텐츠들은 시너지를 낸다.

어설픈 공약과 임시변통과 같은 방법으로는 불가능하다. 분명하고 틀림없는 대안만이 여주를 살리는 힘이다. 그러기 위해서는 준비된 창조적 도전만이 깊이 잠들어버린 지역 경제를 살리고, 시민들의 가슴 속에 다시 희망을 싹 틔울 수 있지 않겠는가?

실현가능한 꿈
친환경 허브도시로 거듭나다

자연이 아니면 몸 안의 질병을 결코 이겨낼 수 없다
- 히포크라테스

우리나라의 강점은 효(孝)문화, 즉 어르신을 잘 모시는 전통이 아닐까 싶다. 우리의 효(孝)문화는 세계 어느 나라에서도 찾아 볼 수 없을 만큼 강하다. 하지만 이러한 전통은 대가족 제도가 붕괴된 후에 점차 사회적 복지제도로 옮겨 가는 추세다. 정부나 지자체도 너나 할 것 없이 이러한 추세에 발맞추어 어르신들에 대한 복지예산을 매년 증액하고 있다. 그럼에도 불구하고 여전히 정부의 지원은 어르신들이 실제 필요한 기본적인 생활요구에도 턱없이 부족한 현실이다. 물가상승률에 비례한 정부의 지원금은 아직 건강유지비 정도에도 못 미친다고 한다. 그래서 나는 어떻게 하면 어르신들에 대한 정책적 대안을 만들어 볼 수 있을까 오랫동안 그 방책을 고심해 왔다.

새로운 금싸라기 참외, 발효식품

여러 가지 방안을 놓고 고민하던 중 내가 찾은 가장 합리적이고 현실적인 해답이 있다. 다름 아닌 '전통발효식품산업' 조성이다. 그것도 우리나라 전통발효식품만 한정하는 것이 아닌, 세계 전통발효식품과 매개하여 우리나라 발효식품을 세계로 진출하게 하는 발효식품 메카를 만들면 어떨까?

나는 이를 위해 10년 전부터 전통발효 전문가를 여주시에 상주시키며 먼저는 가정주부들을 상대로 현장교육을 시켜보았다. 그 하나가 45년 전통의 일본 〈만다효소〉다. 〈만다효소〉는 단일 발효식품회사로서 연간 매출액만 우리 여주시 예산의 다섯 배가 넘고, 시설규모는 포스코와 맞먹는다고 한다.

정말이지 이러한 규모의 농산물 2차 가공산업 생산시설의 반의 반만 우리 여주에 있어도 (다른 비용을 다 빼더라도) 궁극적으로는 우리 여주의 65세 이상 어르신들에게 매달 30만원씩을 지원해 드릴 수 있겠다는 구체적인 데이터를 갖기에까지 이르렀다. 물론 여기에는 단계적인 절차가 필요할 것이다.

여러분은 금싸라기 참외를 들어본 적이 있는가? 여주의 참외는 금사면의 금싸라기 참외로 유명하다. 그런데 참외로 가장 잘 성공한 곳은 여주가 아닌 성주다. 그래서 다른 지방 사람들은 금싸라기 참외라고 하면 다들 성주를 떠올리지, 여주를 떠올리지 않는다. 나는 발효식품이 여주의 새로운 금싸라기 참외가 되리라 생각한다.

내 곁에는 효소에 대해 오랫동안 연구해 오신 전문가분들이 계시다. 그 분들은 일본 만다효소식품회사를 수차례 방문하고, 기술 획득과 노하우를 습득하기 위해 노력해왔다. 그리고 불과 몇 년 사이에 전국에 매실발효의 붐을 몰고 왔다. 요즘은 농산물과 산야초의 발효 붐까지도 일어난다고 한다. 그 분들께서는 만약 필요하다면 이 때까지의 연구를 통해 획득한 기술과 특허를 전적으로 우리 여주의 재산으로 내놓겠다고 하셨다. 중요한 건 이 기술이 어르신들의 복지문제를 해결하는 커다란 계기가 될 수 있다는 점이다. 이를 테면, 65세 이상의 어르신들이 계신 가정에 100리터 내외의 항아리 3~5개씩을 보급한다. 농업기술센터에서는 면단위별로 발효에 필요한 기술지도와 재료 공급을 맡는다. 어르신들은 그저 소일삼아 보조와 관리만 하면 된다. 이렇게 하면 1읍 9면에 1발효특성화사업을 추진할 수 있다. 발효식품이 여주의 새로운 금싸라기 참외로 거듭나는 순간이다.

여주를 발효식품단지의 메카로

발효식품을 이용하면 할 수 있는 친환경 바이오산업이 얼마든지 있다. 발효흑초를 비롯한 현미식초, 고구마 식초, 땅콩식초, 인삼식초, 버섯식초, 석류식초, 맥아식초, 사과식초, 한방식초 등 식초를 통한 부분, 또 우리의 특산품인 발효주류 가운데 막걸리를 식초와 같이 현미, 고구마, 땅콩, 산야초, 버섯, 인삼, 산수유 등을 활용해서 만들 수도 있다. 막걸리가 가능하다면 와인이나 청주, 위스키 등도 가능하다. 이런 식초와 막걸리는 당장에 수출할 수 있는 획기적인 수출품목이기도 하다.

발효기술을 응용할 수 있는 분야는 또 있다. 빵, 과자, 치즈, 쌀에도 발효 원료의 좋은 소재가 된다. 앞에서도 소개했지만 우리나라의 떡볶이 시장 규모는 무려 연간 1조 2천억원 규모다. 대단하지 않은가? 만약 발효 쌀을 통해서 새로운 떡볶이 메뉴를 만들 수 있다면, 그리고 그것이 우리 여주의 경제에 조금이라도 보탬이 된다면 나는 떡볶이뿐만 아니라 찐빵, 핫도그, 만두, 도시락 시장까지 우리 시민들의 손발로 뛰어 5,000억 분식시장도 개척해보고 싶다.

그리고 채소도 좋은 발효식품의 재료가 된다. 주로 김치류인데 배추김치를 비롯해서 무, 나물김치, 어패류 및 육류 김치, 깍두기, 동치미, 소박이 짱아치류가 다 해당된다.

발효식품하면 빼놓을 수 없는 것이 대두 발효식품시장이다. 재래식 메주와 개량식 메주는 물론 여기에 간장(재래식 한식간장, 개

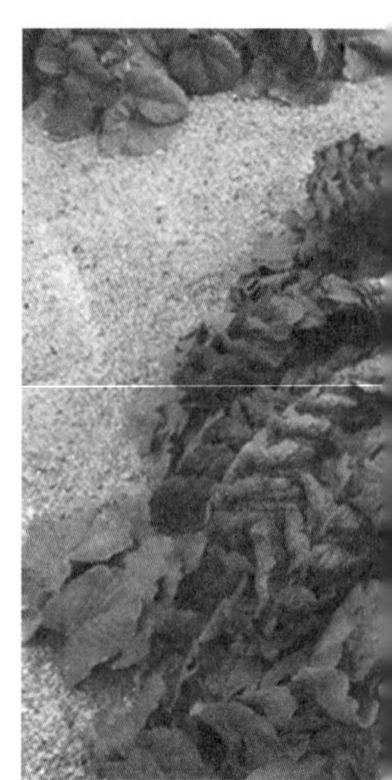

발효식품은 복지 재정의 재원 마련으로도, 또 복지
정책으로도 활용할 수 있는 일거양득의 묘수다.
이른바 친환경 바이오산업은 여주와 같이 각종
규제로 묶여 있는 현실여건에서 가장 실현가능한
대안이 될 수 있다. 공해를 유발하는 다른 산업을
바라보기만 하지 말고, 여주는 여주에서만 가능한
대안을 찾아야 한다. 나는 발효식품 기술이 그
돌파구가 되리라 기대하고 있다. 발효식품을
잘 활용하면 수천억의 소득 기대효과가 있다.
친환경산업이야말로 우리 여주의 경제를 되살리는
중요한 불씨다.

량식 한식간장, 양조간장, 혼합간장, 산 분해 간장, 효소 분해 간장)류와 된장(막된장, 토장, 막장, 담북장, 청태장, 두부장, 지례장, 비지장, 춘장)류 그리고 고추장, 쌈장, 청국장 등을 이미 확보한 차별화한 기술을 바탕으로 한다면 연간 1500억 원 이상의 매출을 충분히 자신할 수 있을 정도다.

최근에 각광받는 것 중에 커피를 필두로 한 음료시장도 발효식품 기술로 도전해볼 만 하다. 나는 여주의 경제를 살리고, 여주시민에게 돈 되는 일이라면 지옥에라도 내려가서 기술과 자본을 유치할 것이라는 각오로 달려 왔다. 그리고 찾다보니 녹차 매출액이 연간 1조원에 육박한다는 사실도 알게 되었다. 찾아보니 우리 여주도 얼마든지 틈새시장을 뚫을 수 있다는 자신감도 얻었다. 몇몇 지자체의 경우에는 비닐하우스에 커피와 코코아, 홍차가 자라고 열매를 맺고 있는 현장도 본 적이 있다. 요즘 뜨고 있는 건강기능식품 원료 중에 블루베리과에 속한 아사이베리, 스트로베리, 블랙베리, 블랙초크베리 등이 있다. 우리나라에서 직접 재배하고 있는데, 그보다는 각국에서 직접 원료를 수입해 가공판매하는 시장이 가장 활성화 되어 있다고 한다. 시장규모가 무려 6천억 원에 달하는 큰 시장이다. 만약 틈새시장을 공략한다면 재래식 과근차류(결명자차, 유자차, 귤차, 생강차,) 곡차(현미차, 보리차, 오곡차), 약차류(아토피차, 숙취해소차, 당뇨차, 혈액차, 건강차)등 얼마든지 길은 있다.

내가 가장 기대하는 분야는 발효육류(소, 닭, 돼지, 오리)다. 육류의 신선도를 그대로 살리면서도 맛을 좋게 하고, 더 나아가 건강을 지키는 질 좋은 육류를 우리 여주의 특산품으로 만드는 것이다. 생산지에서 출하한 각종 육류를 각 정육점에 공급하기 직전 단계에, 우리 여주의 공장 시설에서 만 하루 자연발효 및 자연숙성 시킨다면 전혀 다른 차원의 1등급 육류를 국내외 소비자들에게 공급할 수 있다고 한다.

이 밖에도 화장품이나 비누, 샴푸와 치약과 같은 세면용품도 자연발효를 이용하면 새로운 제품으로 생산할 수 있다고 한다. 그야말로 발효기술은 적용할 수 없는 곳이 없어 보인다.

환경이 돈이 되는 시대

발효기술이 자연이 가르쳐준 획기적인 대안이라면, 그 밖에도 자연에 숨어 있는 보물들이 참 많다. 그 중에서도 여주를 휘감아 흐르는 남한강은 가장 보배롭다. 재작년, 또 작년에 전국이 전력 문제로 몸살을 앓았을 때, 나는 남한강 저류지를 이용한 태양광 발전소가 있었다면 얼마나 좋았을까 생각했었다. 저류지는 홍수 때 강물의 수위를 낮추기 위해 물을 저장해 두는 시설이다. 남한강 상류 강변에는 여의도의 2/3 크기의 거대한 저류지가 있다. 이 저류지를 활용해서 태양광 발전소를 짓는 것이다. 이렇게 지은 발전소는 자연스럽게 바이오 발효산업단지나 여주 아트피아(가칭) 같은 새로운 시설의 전력원으로 공급할 수 있을 것이다. 여주에서 생산하는 전기로 여주의 고유한 컨텐츠를 움직이니 명분과 실리를 모두 잡는 셈이다.

전기는 우리 생활에 없어서는 안 될 필수적인 요소이지만, 전력을 어떻게 생산하는가는 여전히 논란이 분분한 게 현실이다. 그러나 이러한 에너지 자급마을은 이미 독일 등에서는 꽤나 많은 진척을 보이고 있어서 우리도 참고할 만하다.

펠트하임(Feldheim)이라는 작은 마을이 있다. 이 마을은 독일 브란덴부르크 주, 포츠담미텔마르크 군 소속의 트로이엔브리첸(Treuenbrietzen)이라는 도시 안에 위치한 농업 소도시이다.

펠트하임은 94년 이전까지 독일의 여느 농촌마을과 다름없었다. 이러한 펠트하임에 신재생 에너지 단지가 설립이 된 배경에는 86년 체르노빌 원자력 발전소 사고 이후, 원자력 사용에 대한 국민 정서의 반감이 꾸준히 확대됨에 따라 원자력 발전소 폐기가 독일의 사회적 주요 이슈로 부각이 되었던 데에 있다. 이런 사회적 배경 하에 탈원전을 주장하는 목소리가 환경 단체를 중심으로 독일 전역에서 서서히 터져 나오자, 지역 전력회사인 에너지크벨레는 이곳을 풍력단지로 점찍어 신재생 에너지 마을로 구축하려는 계획을 세우게 된다.

효율적인 풍력발전을 위해서는 바람이 일정한 방향으로 불어줘야 하는데 에너지크벨레는 이 지역이 이러한 조건을 만족하는 최적지라고 판단, 주민들에게 부지를 임대해달라고 요청한 것이다. 이에 마을 주민들은 풍력발전기에서 발생하는 소음과 경관 훼손, 철새 떼의 이동경로 변경 등 여러 가지 폐해에도 불구하고 흔쾌히 에너지크벨레측의 제의를 받아들였다.

이러한 흔쾌한 동의는 주민들이 원전의 위험성을 인식하고 친환경 에너지 마을의 모범사례를 만들기로 의견을 모았기 때문에 가능한 일이었다. 이후 이와 같은 과정을 거친 펠트하임은 바이오가스, 태양광 설비까지 갖춘 종합 신재생 단지로 거듭나게 된다. 펠트하임의 전기요금은 신재생에너지 마을이 아닌 지역보다 약 40%정도 저렴하고, 에너지자급 마을이라는 긍정적인 마을의 이미지를 구축할 수 있었다.

전 세계적으로 많은 사람들이 펠트하임의 에너지 체제를 배우기 위해 마을로 견학을 하고 있고, 대중적으로 큰 관심을 받고 있는 것이다. 게다가 펠트하임 마을은 신재생에너지 마을화를 통해 지역 사회에 지속적으로 70여 개 정도의 안정된 일자리를 공급하고 있다. 이는 전체 마을 주민 150명의 절반에 해당한다.

이제 인류의 기술은 환경을 파괴해서 발전하는 데서 환경을 이용해 발전을 도모하는 수준으로 향상되고 있다. 대안과 해법을 찾

으려고 하면 얼마든지 가능하다. 다만 활용할 수 있는 데도 하지
못하는 일은 없어야 하겠다.

주식회사 명품여주

사람이 위대한 이유는 목적을 가졌기 때문이 아니라
목적에 이르는 과정에서 겪는 변화 때문이다.
– R. 에머슨

'로마는 하루아침에 이루어지지 않았다.'

나는 이 말을 참 좋아한다. 이탈리아 반도의 한 작은 도시국가 로마가 세계를 호령하는 거대한 제국이 되기까지, 로마의 역사를 들여다보면, 아주 오래 전의 일이라고 해도 지금도 배울 만한 교훈들을 많이 얻을 수 있기 때문이다. 로마 역사나 로마 제국을 다룬 책들이 많지만, 오래 전에 〈로마인 이야기〉라는 책을 무척 재미있게 읽은 적이 있다. 거기에 보면 다음과 같은 말이 나온다.

고령자라서 완고한 것은 아니다. 보통 사람이라면 육체의 쇠약이 정신의 동맥경화 현상으로 이어질지 모르지만, 훌륭한 업적을 쌓은 고령자에게 나타나는 완고함은 그것과는 다르다. 그들은 훌륭한 업적을 거둠으로써 성공자가 되었기 때문에 완고해진 것이다. 나이가 사람을 완고하게 만드는 것이 아니라, 성공이 사람을 완고하게 만든다. 성공자이기 때문에 완고한 사람은 변혁을 필요로 하는 상황이 되어도, 성공으로 얻은 자신감 때문에 다른 길을 선택하기가 어려워진다. 따라서 근본적인 개혁은 뛰어난 재능을 갖고 있으면서도 과거의 성공에는 가담하지 않았던 사람만이 달성할 수 있다. 흔히 젊은 세대가 근본적인 개혁을 성취하는 것은 그들이 과거의 성공에 가담하지 않았기 때문이다.
- 시오노 나나미, 〈로마인 이야기〉 중에서

시대는 늘 개혁을 요구해왔다. 당장은 세상이 바뀌지 않는 것처럼 보여도, 실은 세상은 항상 변화해왔다. 그리고 내가 보기에도 지금 우리 여주도 변화의 기로에 서 있다. 바로 여주시로 승격됐기 때문이다.

2013년 9월 23일, 여주군이 여주시로 승격되었다. 어떤 이는 여주시의 승격을 118년만의 복권(復權)이라고도 한다. 원래 여주가 조선시대까지만 하더라도 여주목(牧)이었던 때문이다. 마치 조용히 잊혀져 가는 줄만 알았던 여주에 다시 서광이 비치는 듯 한 감격이 일기도 했다. 그러나 우리는 여주가 시로 승격되었다는 사실

하나만으로 아직 안심할 수 없다. 여주는 이제부터 새로운 희망의 도시로 도약하느냐, 아니면 이대로 또 하나의 흔하고 흔한 작은 도시로 잊혀져 가느냐 하는 기로에 서게 되었기 때문이다.

시로 승격되면서 좋아지는 점들도 분명히 있으나, 시민들의 입장에서는 부담해야 할 몫도 제법 늘어났다. 각종 인허가에 따른 등록면허세, 자동차 환경개선부담금도 더 많이 내야 하고, 동으로 바뀌는 곳의 주민 200 여명은 건물, 토지 등에 대한 재산세도 더 많이 내야한다. 농어촌 및 농어민 감면 혜택(50%)이 사라지는 것은 큰 문제다.

전체 2만20천여 가구의 약 30%에 달하는 7,000여 가구가 보험료를 더 많이 내게 되었다. 농어촌 특례입학과 농업인 자녀학자금 지원은 제외되고, 교육비는 더 올라갈 것으로 예상된다. 시 승격 3년 후부터는 여주고와 세종고 등 도시지역 고교 졸업생들에 대한 농어촌 특례입학 혜택이 없어지고 1인당 95만 3,000원씩 지원되던 농업인 학자금 지원도 끊긴다.

고등학교 수업료는 1인당 36만 5,000원이 늘고, 공립유치원 수업료는 10만 1,000원이 추가된다. 물론, 당장 들어가는 비용 때문에 시 승격을 미루거나 반대할 수는 없다. 장기적으로는 시 승격이 가져다 줄 혜택이 훨씬 더 많을 것이다. 그러나 중요한 건 가만히 기다리기만 한다고 나아지지는 않는다는 점이다. 시민들의 생활이 풍요로워지고, 우리 여주의 경제를 더욱 활성화시켜서 이런 부담들도 부담이 아니라 시민으로서 기꺼이 지불하는 당연한 비용이 되게 해야 한다.

시로 승격됐다고 잔치만 할 것이 아니라, 시에 걸맞은 경제력과 역량을 보여주어야 한다. 과연 우리 여주는, 앞으로 여주시로써 어떤 모습을 보여줄 것인가?

여주의 미래를 이끌 인재가 절실하다

성공의 관건은 인재에 달려 있다. 〈로마인 이야기〉에서 말하는 것처럼, 변화를 감당하고 우리 여주의 미래를 향해서 개혁의 길을 걷는 사람은, 과거의 성공에 취하지 않는 사람이어야 한다. 자신의 이해관계와 무관하게 모두의 이익을 위해 봉사할 수 있는 인재가 여주를 위해서 나서야 한다. 여주의 성공은 한 두 사람의 능력만 가지고는 이룰 수 없다. 지금 여주에 필요한 인재는 능력이 뛰어난 소수가 아니라, 자발성과 열정을 가지고 함께 할 다수의 인재여야 한다. 그리고 그 다수의 인재들을 통합해낼 구심점의 역할이 절실하다.

우리 여주에는 여주만의 훌륭한 컨텐츠가 있고 무한한 가능성이 있다. 여주만이 가지고 있는 컨텐츠들을 어떻게 활용하고 발전시키는가에 따라 여주의 미래는 달라진다. 그렇다면 누가 여주를 경영할 것인가? 경영자가 누군가에 따라서 주식회사 명품여주는 망할 수도 있고 흥할 수도 있다.

정치가는 당장 잘 살수 있다며 화려하고 달콤한 공약으로 자신의 표를 모을지 모른다. 그러나 CEO는, 당장은 어렵더라도 차근차근 노력하면, 목표한 시점에 반드시 목표한 것 이상으로 잘 살수 있다고 대안을 제시한다.

주식회사 명품여주의 CEO는 여주시의 미래를 짊어질 초석을 다질 사람이어야 한다. 그는 뛰어난 재능을 가지고 있으면서도 과거의 성공에 연루되지 않은, **개혁**이 가능한 인물이어야 한다. 나는 CEO 리더십이 답이라는 사실을 말하고 싶다.

우리 여주는 아무렇게나 잊혀져갈 작은 도농복합도시가 아니라, 작지만 알찬, 다른 곳에는 없는 무한한 자신만의 잠재력을 가진 도시다. 이 잠재력을 어떻게 실현할 것인가? 실현 가능한 단계적인 계획과 준비 없이 어떻게 그 일이 가능할까? 자신의 정치적 야망이나 욕심에 연연하지 않고 오직 유일한 고객인 시민들을 섬길 사람은 과연 누구인가?

새로운 리더를 기다리며

이제 우리 여주는 새로운 리더를 기다리고 있다. 재료가 아무리 좋아도, 그 재료를 제대로 활용할 줄 모른다면, 요리는 맛이 엉망이 되고 만다. 여주가 그랬다. 곳곳이 다 훌륭한 컨텐츠인데, 너무나 오랫동안 우리 여주는 자신의 컨텐츠를 허비해 왔다.

세무 공무원으로서, 세무사로서 너무도 안타까웠던 점이 바로 이것이다. 납세자는 세금을 충실히 납부하여 납세의 의무를 다하는 것이 맞다. 그러면 국가는 고귀한 국민들의 혈세를 단 한 푼이라도 낭비하지 않고 적재적소에 사용함으로써 국민의 행복을 증진시켜야 한다. 그것이 국가의 의무다. 그럼으로써 납세의 결과가 고스란히 다시 국민의 행복으로 돌아가야 한다.

그런데 현실은 달랐다. 아무리 충실히 납세의 의무를 다해도, 오히려 의무를 충실히 이행하는 사람만 바보 취급을 받는다. 나는 너무 화가 났다. 이러한 현실이 너무나도 답답했다. 나는 곰곰이 따져보았다. 어디서부터 잘못된 걸까?

문제는 행정이었다. 행정(行政), 정책을 입안하고 집행하는 일이 바로 세금을 어디에 어떻게 얼마나 사용할지 결정하는 핵심이 아닌가. 그래서 나는 오랫동안 행정을 들여다보았다. 그리고 행정의 문제가 바로 '리더십'에서 시작되고 있음을 깨달았다.

이 책은 나 자신을 위한 책이 아니다. 나는 한 사람, 원경희로서 우리 여주를 위해 이야기하고 싶었다. 나보다 더 훌륭한 분들이 많이 계신다. 부디 우리 여주를 위한 고언을 청하는 바이다. 우리 여주가 명품여주로 거듭날 수 있다면, 한 말씀이라도 보태주시면 좋겠다. 책을 쓰고 나니, 더 간절해진다. 우리 여주는 지금 새로운 리더를 기다리고 있다.

로마제국은 하루아침에 이루어지지 않았다고 했다. 로마제국의
역사를 살펴보면, 공화정을 이끌었던 호민관 그라쿠스 형제,
한니발의 침략을 막은 스키피오 장군, 로마를 제국으로 이끈
시저와 아우구스투스 등 수많은 지도자들의 활약이 있었다.
여주가 앞으로 명품도시로 발전해 가려면 충분한 시간과 노력이
필요할 것이다. 하지만 더 중요한 것은 어떤 지도자가 이끄는가다.
명품도시는 명품 리더십에서 비롯되기 때문이다.

세종을 사랑한 나,
당하 원경희

세종대왕상

●

●

●

망배소(望拜所). 여주시 능서면 번도 5리, 내가 태어나 자란 곳이기도 한 이 곳에는 영릉을 향해 서서 세종대왕을 추모하는 자리인 망배소가 있었다. 덕분에 나는 학교에서 배우기 전부터 세종대왕을 가까이서 알게 되었고, 훨씬 더 자연스럽게 만나 뵐 수 있었던 것 같다. 나는 어렸지만, 아주 자연스럽게 망배소를 지나다니며 세종을 생각하는 게 일상이었다. '아주 훌륭한 대왕이 저기 계신다.' 나는 그 사실만으로도 참 든든했던 것 같다.

세종을 만나다

세종은 어떤 분이셨는가. 모두가 잘 아는 내용은 차치하더라도 나는 세종의 인간적인 성품, 태평성대의 치세를 열 수 있었던 밑바탕에 대해 말하고 싶다.

그는 처음부터 왕재로 키워지지 않았다. 왕세자가 아닌, (셋째) 왕자라는 자리는 그야말로 애매하다. 신권이 엄격하게 작동하던 조선에서 왕이 될 수 없는 왕자란, 그저 체면치레만 하면 될 뿐, 실상 정사에도 관여할 수 없고, 권력 있는 벼슬로 나갈 수도 없는 그런 자리였다. 그래서 충녕대군 시절의 세종은 그야말로 잡학다식한 학문을 접하며 시간을 보냈다고 한다. 하도 독서를 좋아해서 부왕인 태종이 책을 숨겨놓고 못 보게 할 정도였다고 하니, 세종의 독서열은 어릴 적부터의 습관인 듯하다.

세종은 그 덕분에 유교경전 뿐만 아니라, 천문학, 음악, 농사, 역사, 지리, 인간관계, 서예, 꽃과 산수에까지 두루 섭렵했다고 한다. 어쩌면 훗날 다방면에 걸친 세종의 치세는 어릴 적의 이러한 자유로운 공부와 폭넓은 경험에서 비롯됐는지도 모를 일이다. 나는 세종대왕께 본받고 성품 중 하나를 고르라면 단연코 '독서'라고 하겠다. 세종대왕만큼은 아니었는지 몰라도, 나 역시 늘 책에 파묻혀 지냈으니 말이다. 돌아보면 세무공무원이 되기까지 내가 했던 공부는 세종과 같은 잡학다식이었다. 학교 공부뿐만 아니라, 나의 관심은 늘 폭넓게 퍼져있었다. 게다가 학교조차도 중학-공고(자동차)를 거치며 대학입시도 항공대-화공학과 등을 준비했으니, 문과 성향이 강하면서도 공과계통도 많이 경험했던 나였다. 그리고 공부는 방송통신대학과 성균관대 대학원에서 경영학을 했고, 실무는

쭉 세무공무원으로, 세무사로 살았으니 말이다. 나는 자라면서 내내 세종대왕을 닮고 싶어 했던 것 같다.

애민(愛民), 그 한 단어

왕으로 즉위한 후, 세종의 업적은 실로 눈부시다. 그런데 그 모든 업적을 한 단어로 말한다면 무엇이라 할 수 있을까? 나는 바로 애민(愛民)이라 답하고 싶다. 백성을 사랑하는 것. 세종의 모든 업적은 오직 그 바탕 위에 서 있다고 해도 지나치지 않는다고 생각한다. 세종의 정치에는 늘 백성이 있었다.

예를 들면, 세종은 유교정치를 확립하고자 했는데, 그것은 단순히 정치의 문제만이 아니었다. 세종이 유교의 확립을 위해 편찬한 〈삼강행실도〉를 보면, 거기에는 군신·부자·부부의 모범이 될 만한 충신·효자·열녀 각 35명씩 총 105명의 이야기와 그림을 기록되어 있다. 그런데, 이 책은 조선시대 판화의 중요한 역사자료이기도 하다. 이야기와 함께 그림이 풍부하게 실려 있기 때문이다. 세종은 이 책을 백성들에게 전하고자 했던 것이다.

또, 세종은 남해를 노략하던 왜구 문제 해결을 위해서 왜구들의 직접 본거지인 대마도를 정벌하는 용단을 내리기도 했다. 고려와 조선 모두를 통틀어 대마도를 정벌한 임금은 세종 말고는 별로 없었다. 나는 이런 적극적인 국방정책도 세종이 백성들의 고충을 깊이 생각한 결과라고 본다.

우리나라에서 가장 오래된 농사 교본이 무엇인지 아는가? 바로 세종이 편찬한 〈농사직설〉이다. 원래 중국의 농서에만 의존해 오던 것을, 세종이 풍토에 따른 농법의 차이를 고려하여, 각 도 농부들의 경험을 토대로 조선의 실정에 알맞은 농법을 저술하라고 지시하여 편찬한 책이다. 그리고는 직접 나가서 농사를 짓기도 했다.

서얼 출신인 장영실을 파격적으로 기용하여 재주를 펼치게 한 것도 같은 맥락이다. 우리가 잘 아는 해시계, 혼천의, 자격루(물시계), 대간의, 수표 등은 모두 백성들의 일상생활에 필수적인 도구들이다.

한글은 더 말할 나위도 없다. 전 세계에 우수성을 널리 알린, 우리의 자랑스러운 유산 한글은, 세종의 애민 정신이 가장 깊이 배어 있는 명작이라 할 수 있다.

무엇을 했느냐보다 더 중요한 것이 있다. 그것은 바로 '왜 했느냐?'다. 세종은 실로 다방면에 걸친 업적을 쌓은 정력적인 군주였다. 그리고 그 에너지는 바로 애민정신에서 나왔다.

"백성들을 위해 가장 좋은 것이 무엇인가?"

세종은 오로지 이 한 가지 질문을 던졌고, 그를 위해서 수많은 수고를 마다하지 않은 것이다. 이 치열한 애민군주를 어찌 사랑하

지 않을 수 있단 말인가?!

여주의 답은 세종의 리더십에 있다

〈여주를 말하고 세종이라 답하다〉는 바로 이런 뜻이다. 우리 여주를 돌아보면 여러 가지 문제가 산적해 있다. 분명 할 일도 많고, 처리해야 할 문제도 많을 것이다. 그러나 그 전에 먼저 질문을 던져야 한다고 생각했다.

"여주를 위해 가장 좋은 것이 무엇인가?"

그리고 그 답은 진정으로 여주와 여주시민을 사랑하는 사람만이 찾을 수 있다고 생각했다. 진정으로 여주를 위하는 리더라면, 정치가가 아닌 CEO 리더십을 가지고 서야 한다. 세종대왕은 실로 CEO로서 부족함이 없는 뛰어난 리더십을 발휘하셨다. 그는 전문적이었고, 현실적이었으며 늘 백성을 생각했다. 중국에 의존하거나 양반들의 지지를 얻는 것에는 관심을 두지 않으셨다. 중국과 다른 고유한 우리의 풍토와 우리의 말을 생각했고, 백성들의 실생활에 도움이 될 만한 것을 몸소 찾아다니셨다. 그리고 이제는 그 분 자신이 여주에 묻혀 계시며, 여주에 답하고 계신다.

다시 또 망배소에 선다. 한 평생 백성들을 위해서 살다 가신 세종대왕을 기린다. 삶의 지표가 될 만한 분을 마음속에 품고 살 수 있다는 건 참으로 복이다. 세종대왕과 같은 명군이 여주에 계신다는 것 또한 큰 복이다. 나는 오늘도 망배소에 서서 세종을 생각하고, 그 분께 묻는다.

"무엇이 여주를 위한 가장 좋은 일입니까?"